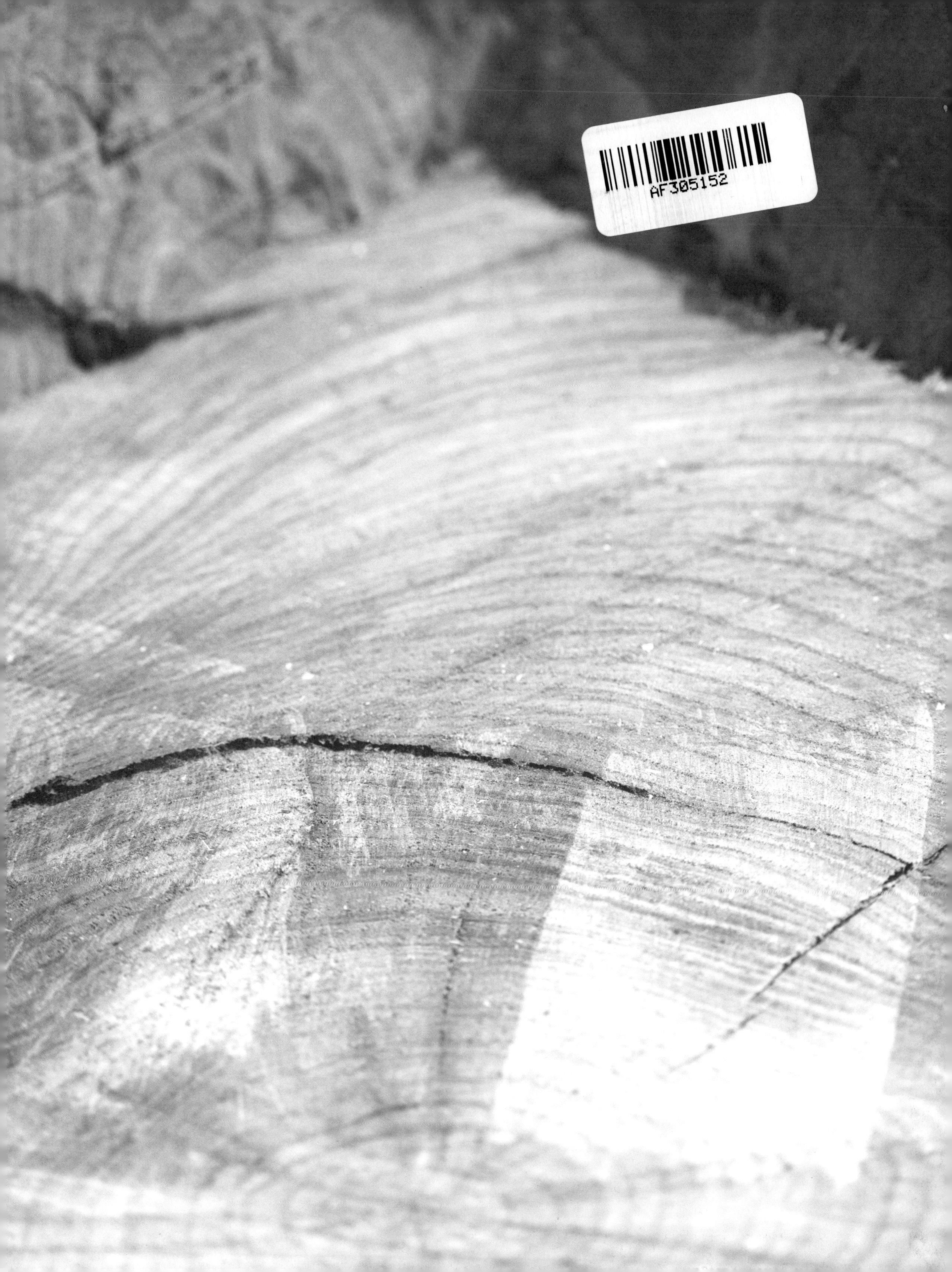
AF305152

GUNTHER GERLACH

SCULPTURE AND SPACE

HIRMER

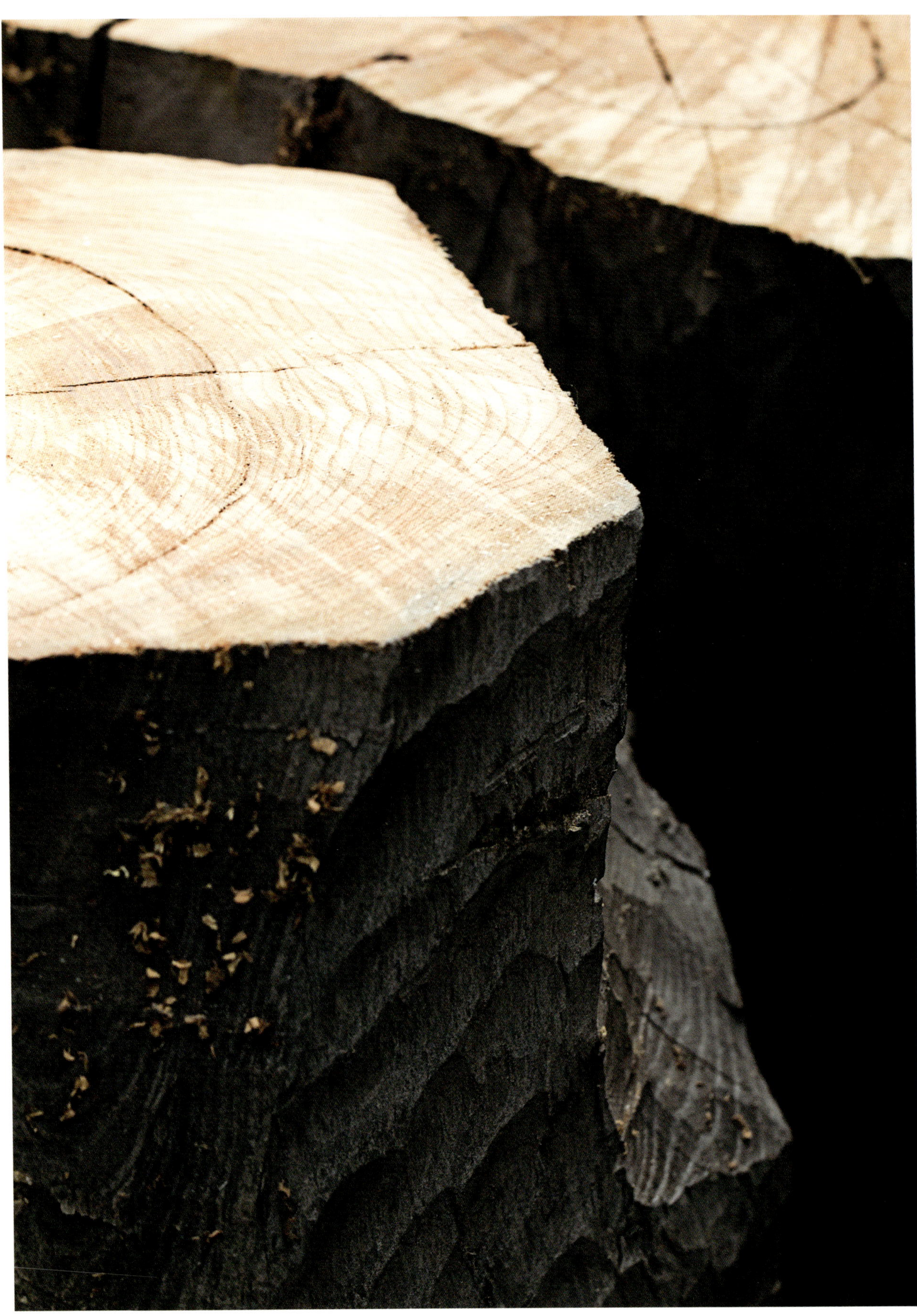

Der Horizont krümmt sich zum Objekt, der Körper öffnet sich dem Raum.

The horizon bends itself into an object; the body opens itself to the space.

Contents

Inhalt

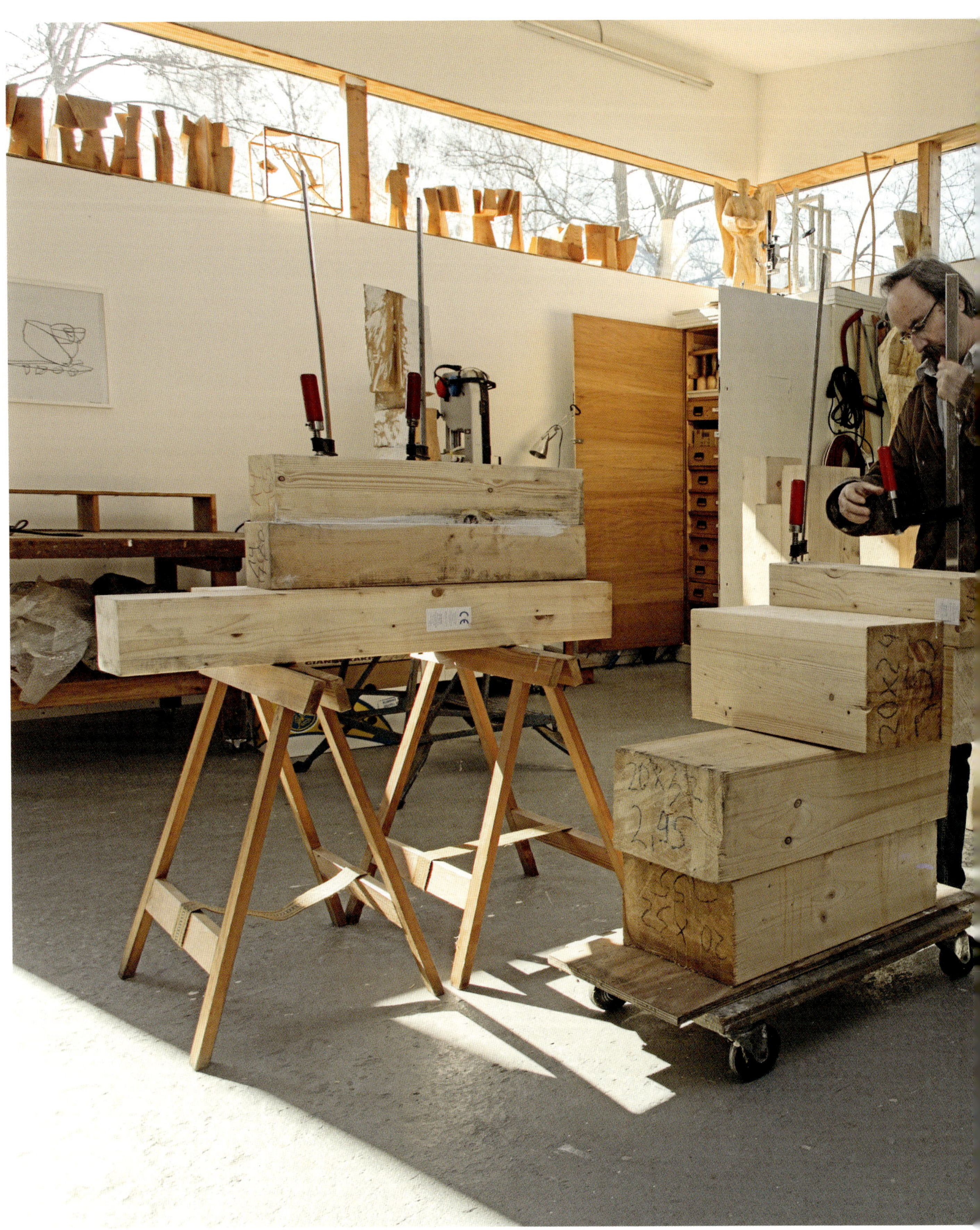

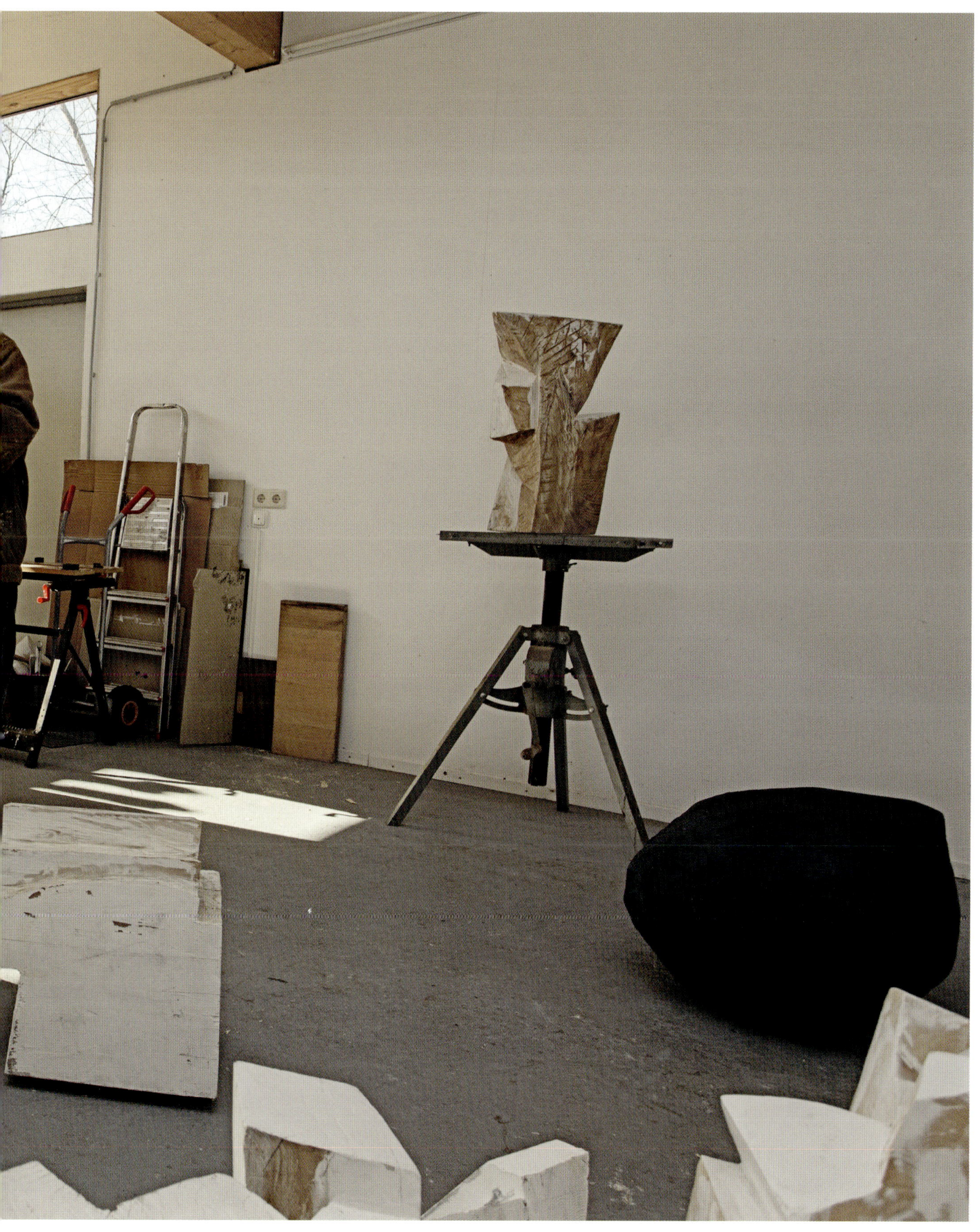

„Skulpturale Oldenburg", Eiche, Länge 300 cm und 400 cm, 2012
"Skulpturale Oldenburg", oak, length 300 cm and 400 cm, 2012

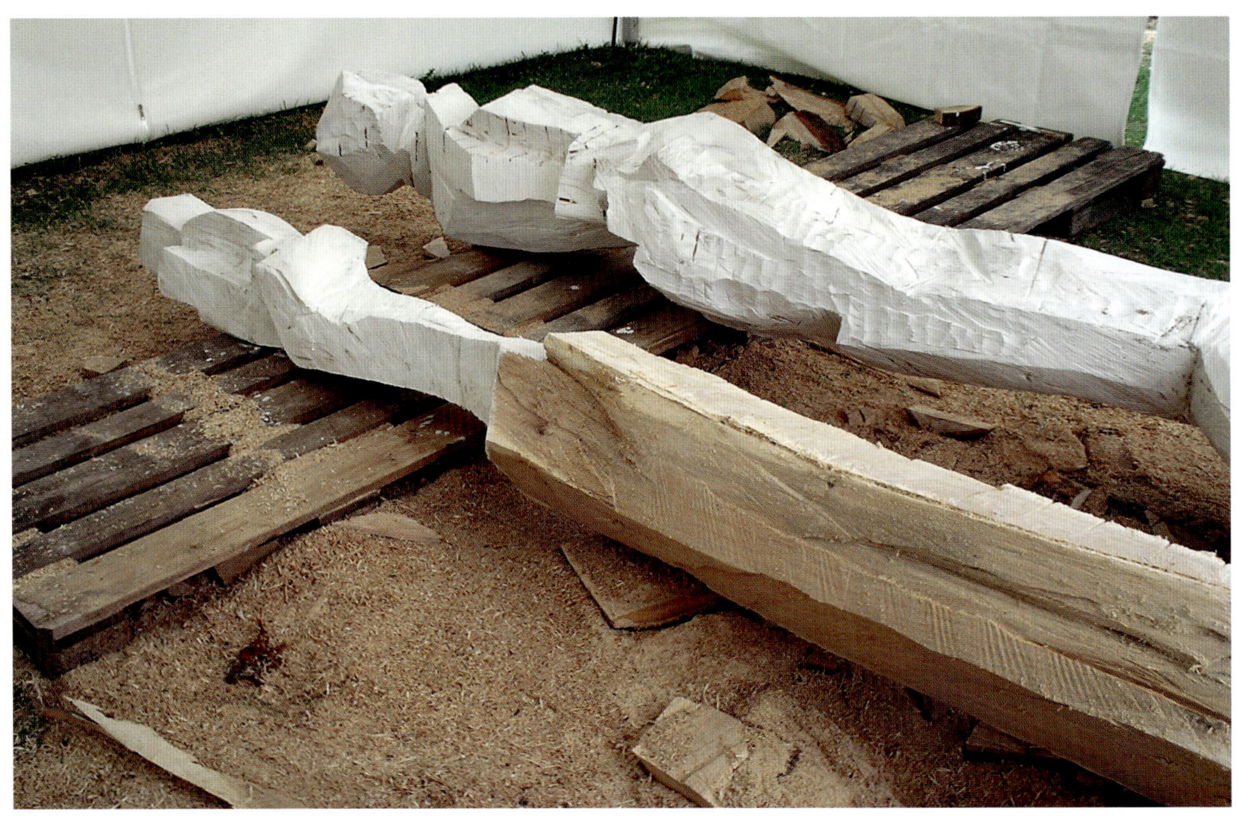

Zur Geschichte und Aktualität des relationalen Raums

Der Bildhauer Gunther Gerlach verbindet eine persönliche Bildsprache mit einer eigenen Terminologie. Diese sind synchron entstanden und haben im gegenseitigen Wechselspiel über Jahre ihre Schärfe entwickelt. Seine Bildsprache wird von dem Material Holz, einem expressiven Gestus sowie über Anlehnungen und Erinnerungen an die menschliche Figur bestimmt. In seiner Begrifflichkeit sind abstrakte Form, Struktur und Raumbegreifen zentral. Aus der Verquickung von Bild- und Ateliersprache heraus ließe sich Gerlachs Kunst beschreiben. Die Kombination von jeweils drei dominanten Bildelementen und drei bestimmenden Begriffen gibt bereits Hinweise auf die besondere Spannung innerhalb dieser Bildhauerei, aber dieses Buch verfolgt eine andere Spur.

„Probekörper", „Skulpturoide" und „Skulptureninstallation" – drei Wörter aus Gerlachs Ateliersprache – bilden als Begriffe und Bildstrecke zusammen mit dem Wort „Skulptur" eine argumentative Kurve, bei der sich das Verhältnis zwischen Skulptur und Raum verschiebt. Dabei steht das experimentelle Ausloten von räumlichen Qualitäten eines geformten Holzobjektes am Anfang („Probekörper"), eine Konzentration auf Objekte (Skulpturen und „Skulpturoiden") in der Mitte und ein gezieltes Platzieren im Raum („Skulptureninstallation") am Ende. In diesem Aufbau zeigt sich die grundsätzlich experimentelle Haltung, welche die Kunst Gerlachs charakterisiert: Formale und räumliche Qualitäten werden erforscht, um in konkreten Situationen eingesetzt zu werden. Die dort gesammelten Erfahrungen finden dann wieder ihren Eingang in neue Holzskulpturen. Damit sollte diese Kunst nicht als eine resultatsgerichtete oder problemorientierte Raumkunst beschrieben werden, sondern als eine Kunst in der Erfahrungen und bildhauerische Möglichkeiten sich verdichten.

Über die drei Wörter wird die Wechselwirkung zwischen Skulptur und Raum beschrieben, welche diese Kunst charakterisiert und gleichzeitig weisen sie auf Werke der Bildhauerei als von einem Menschen geformte Objekte als den Fokus der künstlerischen Arbeit. Dabei geht es um die Tatsache, dass es einen bestimmten Raum nicht geben kann, wenn es keine Bildhauerei gibt.

Ein Gemeinplatz besagt, dass Bildhauer mit Raum arbeiten. Was aber dieser Raum ist, sollte von Künstler zu Künstler und auch historisch untersucht werden. Das scheint nun wieder ein kunsthistorischer Gemeinplatz zu sein, aber wer diesen Weg im Fall von Gunther Gerlach verfolgt, findet einen sehr spezifischen Raumbegriff, der Bildhauerei bedingt. Dieser relationale Raumbegriff wurzelt in der Geschichte der modernen Architektur und bildenden Kunst und setzt menschliche Erfahrung (nicht Wissen) als wichtigste Größe. Während viele zeitgenössische Künstler und Theoretiker diese Erfahrung problematisieren und sie als grundsätzlich relativ bewerten, steht Gerlach in einer anderen Tradition.

On the history and contemporary relevance of relational space

The sculptor Gunther Gerlach combines a personal visual language with a terminology of his own. Both have evolved synchronously and developed their trenchancy in reciprocal interplay over many years. His sculptural language is defined by the material of wood, by an expressive gesturality, and by references and allusions to the human figure; abstract form, structure and apprehension of space are central to his terminology. Out of this fusion of visual and studio language a description of Gerlach's art may be attempted. The combination of three dominant visual elements and three defining terms already hints at the exceptional tension within this sculpture; but this book pursues a different investigative track.

"Experimental bodies", "sculpturoids" and "sculpture installations" – three terms from Gerlach's studio language – stand as conceptual terms as well as a pictorial sequence. In conjunction with the word "sculpture" they form an argumentational curve that maps a shifting relationship between sculpture and space: at the start, experimental probing of the spatial qualities of a formed wooden object ("experimental bodies"); at the mid-point, a concentration on objects (sculptures and "sculpturoids"); and at the end, deliberate placement in space ("sculpture installations"). Evident in this structure is the fundamentally experimental stance that characterises Gerlach's art: formal and spatial qualities are explored with a view to utilising them in concrete situations. The experience so gathered is then brought to bear on new wood sculptures. So this art should not be described as results-directed or problem-oriented spatial art, but as a kind of art that condenses experiential findings with sculptural possibilities.

The three items of vocabulary describe the interaction between sculpture and space that characterises this art, and simultaneously, they indicate that sculpture – an object formed by human hand – is the focus of the artist's work. And the pertinent fact is that a certain type of space cannot exist if there is no sculpture.

To state that sculptors work with space is a platitude, but the nature of this space should be investigated from artist to artist as well as historically. That sounds like just another platitude from an art historian, but anyone who follows this path in the case of Gunther Gerlach finds a very specific concept of space, and one which defines sculpture. This relational concept of space is rooted in the history of modern architecture and fine art, and makes human experience (not knowledge) the most important dimension. Whereas many contemporary artists and theoreticians problematise this experience and conclude that it is fundamentally relative, Gerlach comes from a different tradition.

A key side effect of problematising any kind of experience is to render the experience as such impossible. Naturally, body-experience also has societally and historically conditioned elements that can be articulated, but the special characteristic of modern art was the exploration of an area "prior to" or "beyond" verbalisation (which is also the root of its claim to universality). This apparently technical and philosophical remark serves as a reminder that in art, so-called postmodernism does not simply follow on from modernism.

„Bundle of sticks", Holzschnitt, 60 x 45 cm, 2012

"Bundle of sticks", woodcut, 60 x 45 cm, 2012

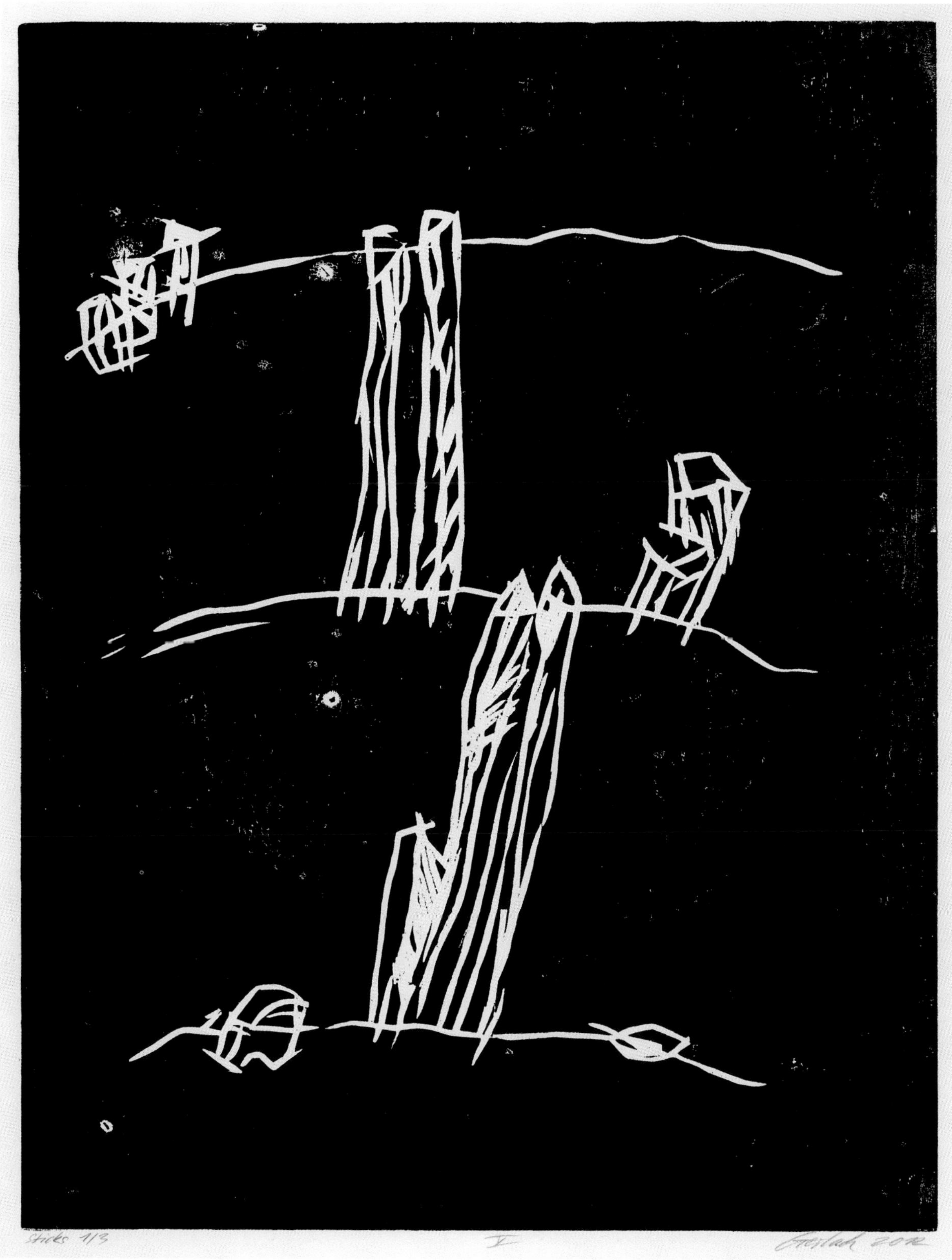

In fact, the discourse should take in different artistic stances which exist alongside each other. These are defined through their relationships to the human body and to language.

Around the year 1900, architects, sculptors and art scholars discovered psychological space, and that viewers responded to objects and situations they encountered based on their own body-experience and imagination. Space was no longer a philosophical (Immanuel Kant) or a physical category. It acquired an experiential, sensual quality that went beyond mere visibility. In particular, the German art historian August Schmarsow (1853–1936) pointed out that the moving body with its axes determines the perception of space beyond the realm of optics alone. Out of this developed the question (with a slight time delay yet synchronously with the development of architecture) of whether and how sculptors can make space visible. The interaction between sculpture and space thus became the theme of modern sculpture.

Instead of an empty space that could be filled with objects, the idea was conceived of an interaction between viewer and sculpture as the starting point for the emergence of a space. Sculptors and philosophers investigated this relationship and on that basis developed perspectives on the special nature of the medium of sculpture. Remarkable in this regard is the late interest of Martin Heidegger (1889–1976) in the medium. Drawing on his encounter with sculpture, he described the special (physiological) quality of being human. What mattered was not that a body collided with another body but that the interaction obliterated the apparently clear dividing lines between the two. That in turn gave weight to whatever was between them. The act of coming to grips with sculpture reveals the special propensity of human beings, as organisms acting and feeling through physical bodies, to resist mechanisms of pure utility and uniformity.[1]

In the mid-twentieth century, interest shifted from the real or optical dimension of a sculpture towards all the aspects that make human comprehension possible. Heidegger is just one famous example of this. Contemporaries were aware that conscious and subconscious, visible and (apparently) invisible elements resided within sculpture, and it is this quality of being charged with potential meaning that explains the ascendancy of sculpture in the third quarter of that century. The idea that understanding is possible on a non-linguistic level (as a symbol perhaps), thus connecting all people irrespective of cultural affiliation, reinforced this development. Once the presence of these unspecific elements that only become meaningful when experienced by a viewer (i.e. he or she "understands" something) began to feel burdensome, sculpture lost its special position. Artists who favoured specific and controllable content in their works took an interest in other media or in a radically reduced type of sculpture. The potential wealth of the medium (in all its latent references to viewers in the experienced space) faded into the background. It seems important to understand that this domesticisation of the sculptural object entailed a radical impoverishment of space. The work and its staging now deliberately evoked a preconceived experience of space instead of a focus on individual experience and understanding.

Ein wesentlicher Nebeneffekt des Problematisierens jeglicher Erfahrung ist, dass sie als solche unmöglich gemacht wird. Natürlich besitzt auch die Körpererfahrung gesellschaftlich und historisch bedingte Elemente, die artikuliert werden können, aber die Besonderheit der modernen Kunst war die Erforschung eines Gebietes „vor" oder „jenseits" der Versprachlichung (daraus erklärt sich auch ihr universeller Anspruch). Dieser scheinbar technische und philosophische Hinweis erinnert daran, dass in der Kunst die sogenannte Postmoderne nicht bloß auf die Moderne folgt, sondern, dass von unterschiedlichen künstlerischen Haltungen gesprochen werden sollte, die nebeneinander existieren. Diese definieren sich durch ihr Verhältnis zum menschlichen Körper und zur Sprache.

Um 1900 entdeckten Architekten, Bildhauer und Kunstwissenschaftler den psychologischen Raum und die Tatsache, dass Betrachter aus ihrer Körpererfahrung und -vorstellung heraus auf vorgefundene Objekte oder Situationen reagierten. Raum war nun keine philosophische (Immanuel Kant) oder physikalische Kategorie mehr. Er bekam eine erlebbare sinnliche Qualität, die nicht bloß sichtbar war. Vor allem der deutsche Kunsthistoriker August Schmarsow (1853–1936) wies darauf hin, dass der sich bewegende Körper mit seinen Achsen die Wahrnehmung des Raumes jenseits der bloßen Optik bestimmt. Daraus entwickelte sich (leicht zeitversetzt, aber doch synchron zur Entwicklung der Architektur) die Frage, ob und wie Bildhauer Raum sichtbar machen können. Die Interaktion zwischen Skulptur und Raum wurde damit zum Thema der modernen Bildhauerei.

Anstelle eines leeren Raumes, der mit Gegenständen gefüllt werden konnte, entstand die Idee einer Interaktion zwischen Betrachter und Skulptur, die einen Raum erst entstehen lässt. Bildhauer und Philosophen untersuchten diese Beziehung und entwickelten daraus Perspektiven auf die Besonderheit des Mediums der Bildhauerei. Bemerkenswert ist in diesem Zusammenhang Martin Heideggers (1889–1976) spätes Interesse an dem Medium. Aus der Begegnung mit der Bildhauerei heraus beschrieb er das besondere (körperliche) Menschsein. Dabei ging es nicht darum, dass Körper auf Körper stößt, sondern, dass die scheinbar klaren Trennlinien zwischen beiden in der Interaktion verschwinden. Wodurch auch dasjenige zwischen ihnen Gewicht bekam. In der Auseinandersetzung mit der Bildhauerei zeigt sich die Besonderheit des Menschen, sich als körperlich agierendes und fühlendes Wesen Mechanismen der Utilität und Uniformität entziehen zu können.[1]

Mitte des 20. Jahrhunderts verschob sich das Interesse von der realen oder optischen Ausdehnung einer Skulptur in Richtung all der Aspekte, welche menschliches Verstehen möglich machten, wobei Heidegger nur ein bekanntes Beispiel ist. Für die Zeitgenossen lagerten in der Skulptur bewusste und unterbewusste, sichtbare und (scheinbar) unsichtbare Elemente, und es ist diese Aufladung mit möglicher Bedeutung, welche den Höhenflug der Bildhauerei in dem dritten Jahrhundertviertel erklärt. Die Idee, dass Verstehen auf einer nichtsprachlichen Ebene möglich ist (etwa als Symbol), welche alle Menschen ungeachtet ihrer kulturellen Zugehörigkeit verbindet, verstärkte diese Entwicklung.

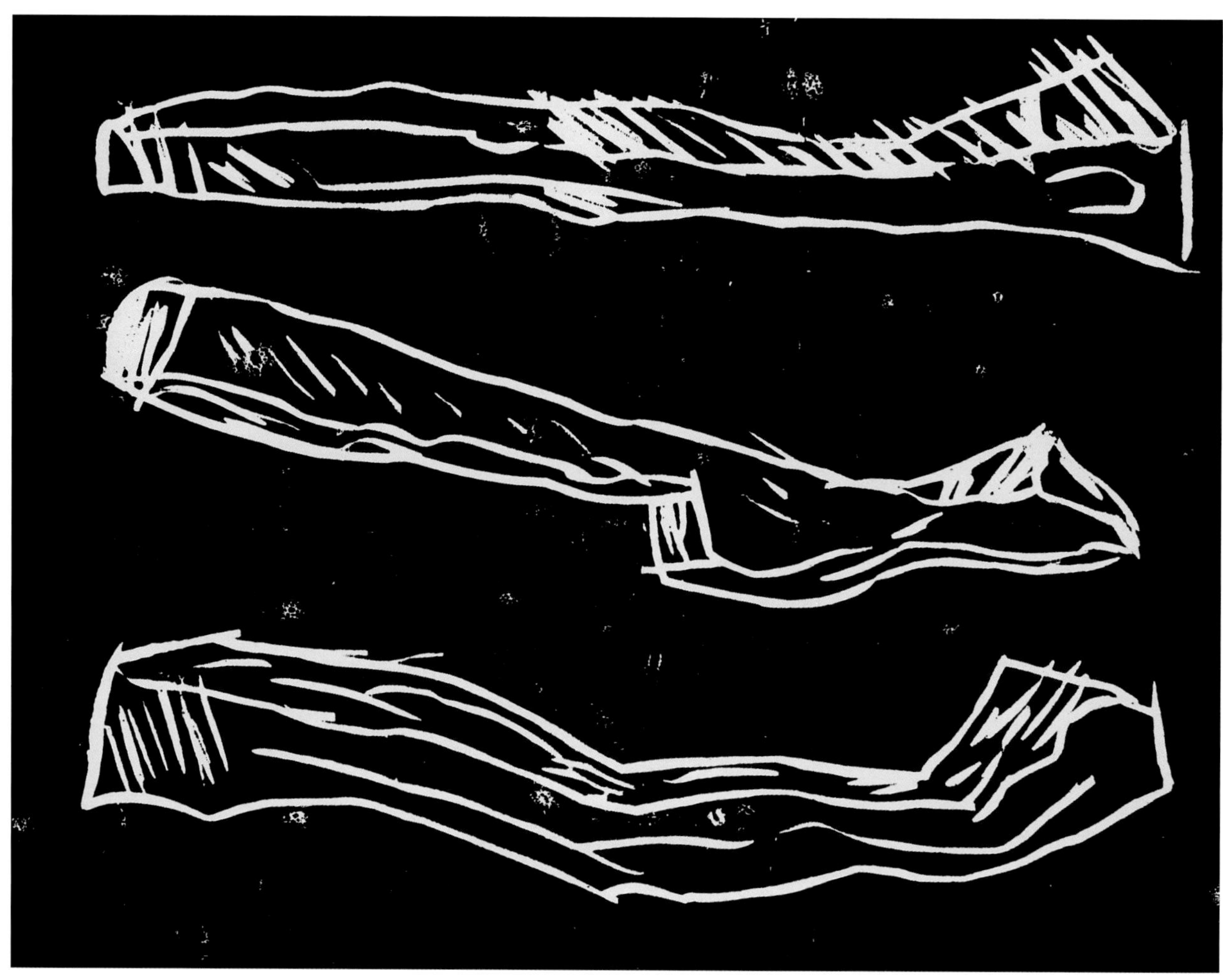

Ausschnitt , „Bundle of sticks", Holzschnitt, 2012

Detail, "Bundle of sticks", woodcut, 2012

If the words modern and postmodern do not so much describe historical periods as artistic stances, then trusting sculpture as a vessel for as-yet-unarticulated meanings is no blank recourse to the history of sculpture in the twentieth century but, first and foremost, an artistic method.[2] Yet no artist today can naively turn a blind eye to the postmodern stance. If a thing in a room might equally well be a mere thing, the artist must first prove that it is a sculpture.

Sobald diese Aufladung mit unspezifischen Elementen, die erst in der Erfahrung durch einen Betrachter Sinn bekommen (er oder sie „versteht" etwas), als Belastung empfunden wurde, verlor die Bildhauerei ihre besondere Position. Künstler, die spezifische und kontrollierbare Inhalte in ihren Werken bevorzugten, interessierten sich für andere Medien oder für eine radikal reduzierte Bildhauerei. Der potenzielle Reichtum des Mediums (in all seinen eventuellen Bezügen zu Betrachtern im gelebten Raum) verschwand in den Hintergrund.
Es scheint wichtig, zu verstehen, dass mit dieser Domestizierung des bildhauerischen Objektes eine radikale Verarmung des Raumes einherging. Das Werk und seine Inszenierung evozierten gezielt eine bestimmte Raumerfahrung anstelle eines Fokus auf individuelles Erleben und Verstehen.

Wenn die Wörter Moderne und Postmoderne weniger historische Perioden als künstlerische Haltungen beschreiben, dann ist das Vertrauen auf die Skulptur als Behälter von noch nicht artikulierten Bedeutungen kein bloßer Rückgriff auf die Geschichte der Bildhauerei im 20. Jahrhundert, sondern zuallererst eine künstlerische Methode.[2] Gleichzeitig kann ein Künstler heute unmöglich die postmoderne Haltung naiv hintergehen. Wenn ein Ding in einem Raum auch nur ein bloßes Ding sein könnte, muss der Künstler erst einmal beweisen, dass es eine Skulptur ist.

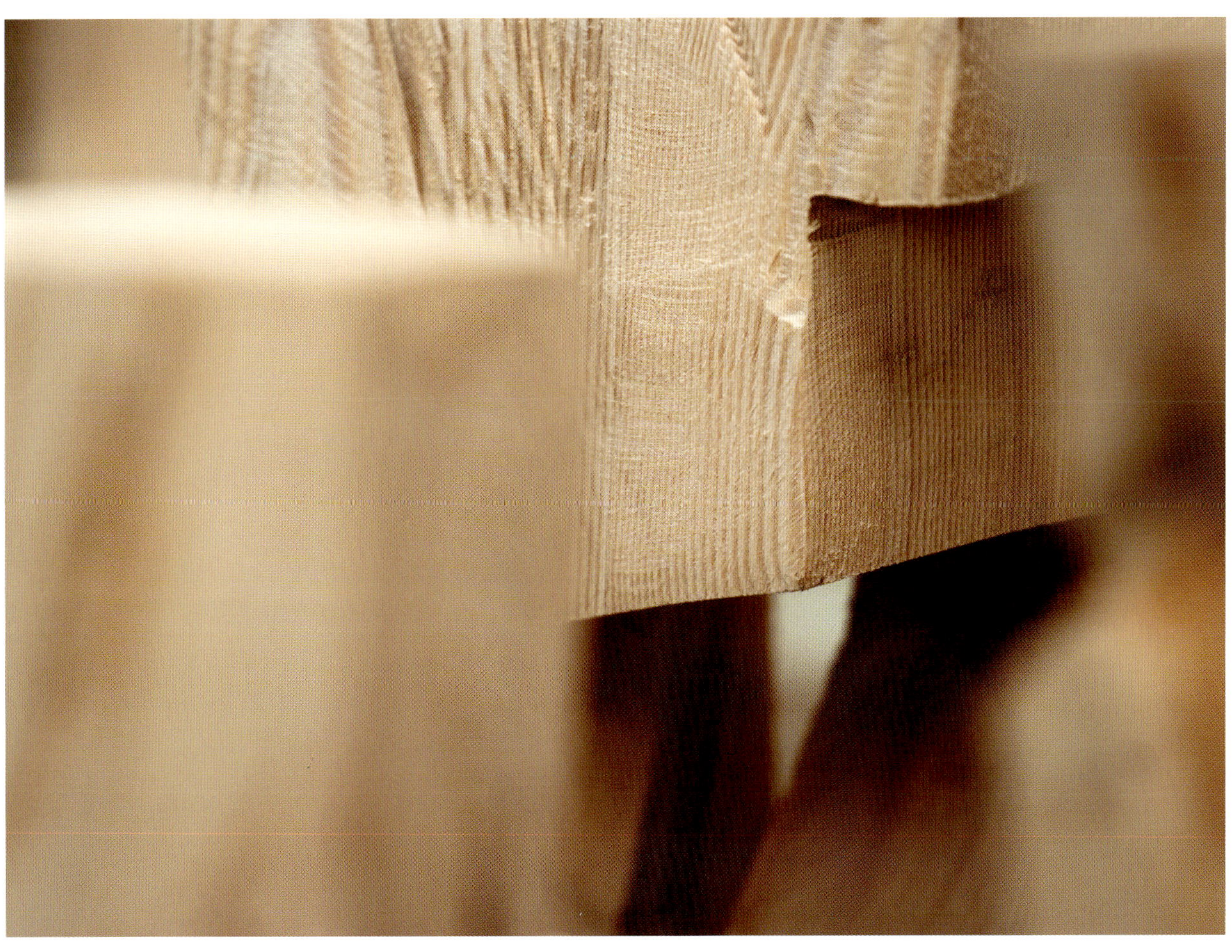

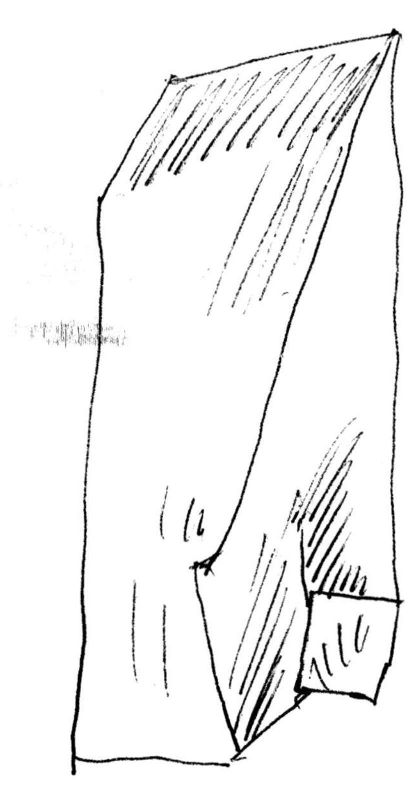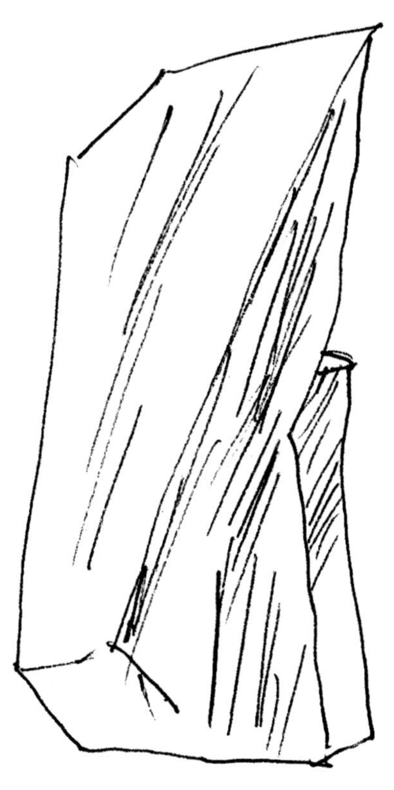

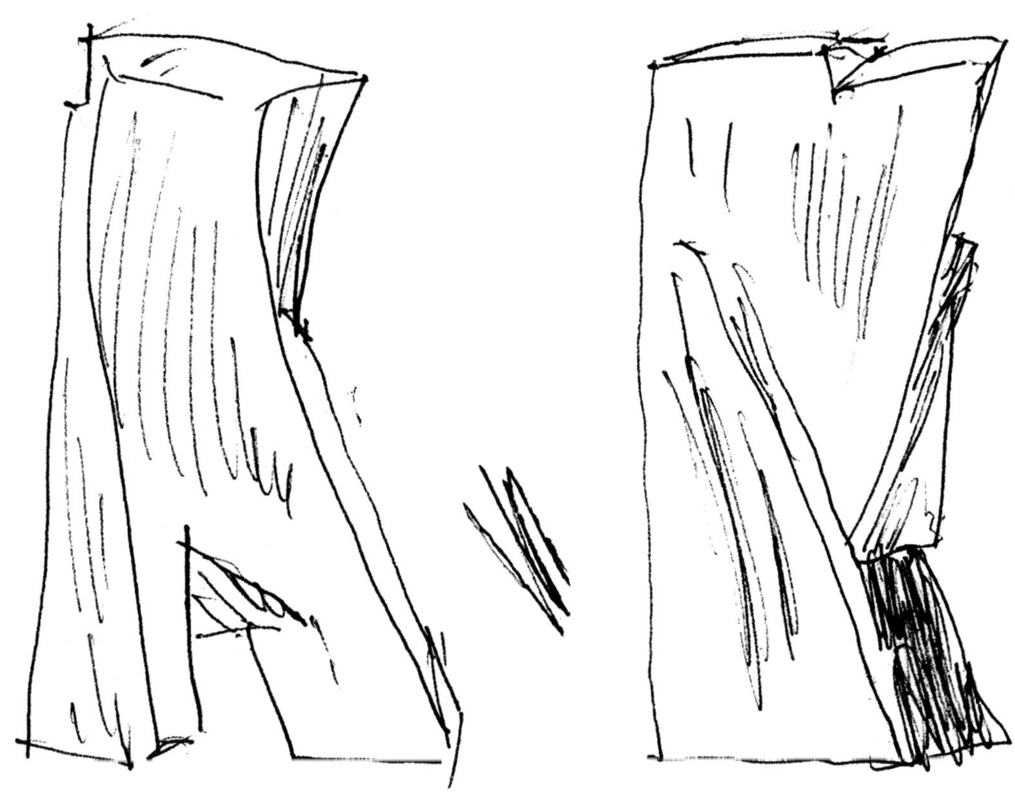

Seen from the perspective of the natural sciences, things are there. Different things in juxtaposition have different describable qualities, which make them distinguishable. Whether the thing is being appraised by a person or a machine is irrelevant from this perspective. But as soon as the observer is taken into consideration, it not only alters the vantage point, but radically changes the entire object under consideration. Machines register, while people perceive (what machines register, for example). Gestalt theory and phenomenology in the course of the twentieth century have shown that perception e-volves step by step. Things are there – the scientific data are self-evidently acknowledged – but they only become meaningful in sensory experience. From this, as the next step, a special connection can again be constructed between the perceiver and the perceived.3 As soon as there are human perceivers, objects can be more than mere objects. If the viewer understands this "added" something (the reasons for which can be disregarded for now), we can call it an aesthetic experience.

Theoretically, everything begins with attention. From among a large mass of sensory data, one single thing stands out and catches the eye. And just as the philosophical tra-dition describes this single thing as radiant, so gloss, glitter and the glow of screens have become popular ways of generating attention. Then the observation that an artwork generates special attention took a strangely perverse twist to the effect that any thing which generates special attention must be a work of art. The sculptures of Gunther Ger-lach show us a humbly different way. Although they use apparently simple means, their inner structure and tension inspire contemplation. Their captivating aspects are in the background. Attention is not a spotlight directed at something, but a process between the viewer and the sculpture.4

Gerlach makes use of a reduced formal language of concave and convex incisions which extend or reduce volumes and thereby amplify or constrain the directions in his sculp-tures. Yet his starting point these days is no longer the tree trunk, with its associations of arborous life, but a block pre-made from glued timbers. Since wood generally carries with it the symbolism of rootedness all around in the landscape, it is striking how em-phatically Gerlach gives most of his sculptures direction and orientation. Bends and in-clines in form are not pre-determined by the material but the results of artistic work. The same applies to figural connotations, such as that of the sorrowful figure in many vertical works.

A comparable paradox of hidden meanings is found in the artist's controlled expressive language of forms. Whereas expressiveness makes direct personal reference to the artist, the obvious control calls attention to this artist's desire to show us something other than himself. The expressive approach renders the basic sculptural forms visible, and gives them character and added value. Here it is plain to see how Gerlach systematically ad-vances the progress made by modern sculpture. He is not concerned with visual evidence to confirm a pre-formulated question – in this case a simple basic form – but with using a controlled visual surplus to render something visible: making no cubes in order to show cubes.

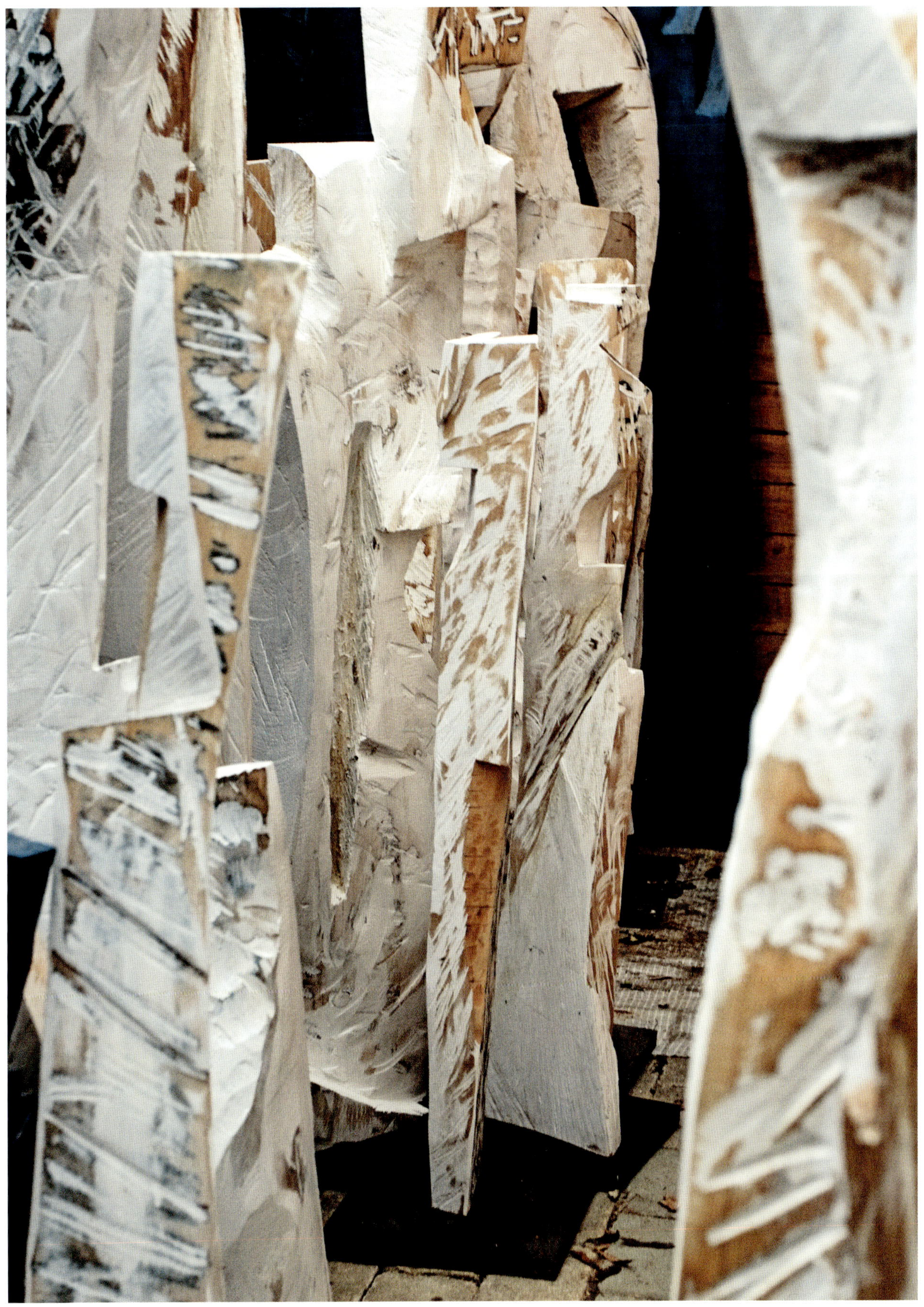

„4 Figuren", Ahorn, Gerhard-Marcks-Haus, Bremen, 2013
"Four Figures", maple, Gerhard-Marcks-Haus, Bremen, 2013

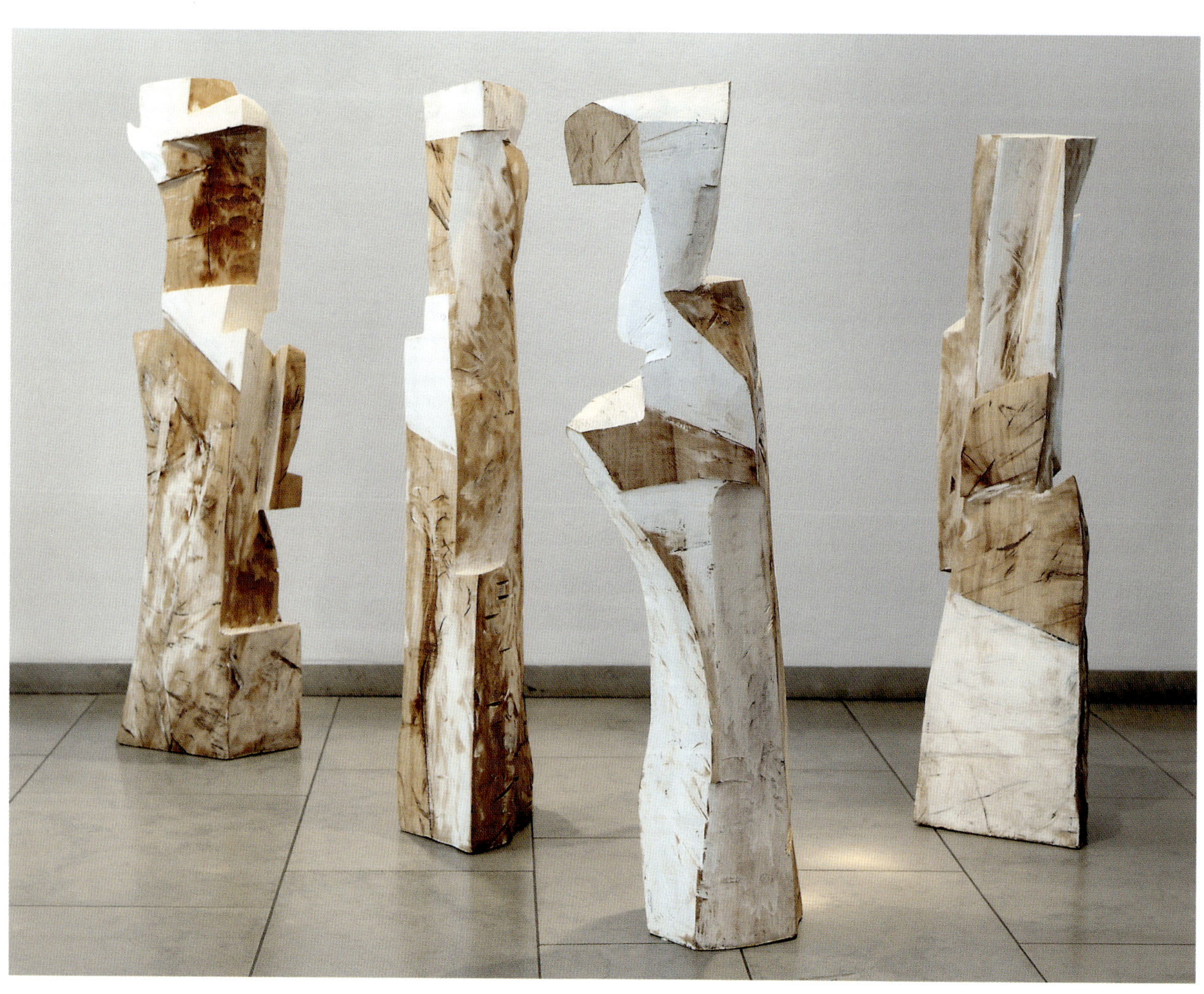

Aus naturwissenschaftlicher Perspektive sind Dinge da. Verschiedene Dinge nebeneinander haben unterschiedliche, beschreibbare Qualitäten und darum unterscheiden sie sich. Wer das Ding taxiert, ob Mensch oder Maschine, ist aus dieser Perspektive letztendlich irrelevant. Sobald aber der Wahrnehmende mitgedacht wird, ändert sich nicht nur der Blickwinkel. Das gesamte Objekt der Betrachtung verändert sich radikal. Maschinen registrieren und Menschen nehmen wahr (zum Beispiel was Maschinen registrieren). Gestalttheorie und Phänomenologie haben im Laufe des 20. Jahrhunderts aufgezeigt, dass sich Wahrnehmung Schritt für Schritt herausbildet. Die Dinge sind da, die naturwissenschaftlichen Daten werden selbstverständlich anerkannt, aber sie werden erst in der Erfahrung sinnhaft; woraus im nächsten Schritt wieder eine besondere Verbindung zwischen dem Wahrnehmenden und dem Wahrgenommenen konstruiert werden kann.[3] Sobald Menschen wahrnehmen, können Objekte mehr als bloße Objekte sein. Wenn der Betrachter dieses „mehr" versteht (die Gründe können hier noch vernachlässigt werden), ist von einer ästhetischen Erfahrung die Rede.

Theoretisch fängt alles mit der Aufmerksamkeit an. Inmitten einer großen Anzahl von Sinnesdaten springt ein einzelnes Etwas ins Auge. Und da dieses einzelne Etwas in der philosophischen Tradition als strahlend beschrieben wird, wurden Glanz, Glitzer und die Strahlung der Bildschirme zu beliebten Aufmerksamkeitsgeneratoren. Aus der Beobachtung, dass ein Kunstwerk besondere Aufmerksamkeit generiert, wurde in einer eigentümlich perversen Umkehrung, dass ein Etwas, das besondere Aufmerksamkeit generiert, ein Kunstwerk ist. Die Skulpturen von Gunther Gerlach zeigen da einen anderen, bescheidenen Weg, da sie bei scheinbar einfachen Mitteln durch ihre innere Struktur und Spannung zur Betrachtung anregen. Was fesselt, befindet sich im Hintergrund. Aufmerksamkeit ist kein Scheinwerfer, der auf etwas gerichtet wird, sondern ein Prozess zwischen Betrachter und Skulptur.[4]

Gerlach bedient sich einer reduzierten Formsprache von konkaven und konvexen Schnitten, die Volumen ausdehnen oder verringern und damit die Richtungen in seinen Skulpturen verstärken oder sich ihnen entgegensetzen. Dabei ist sein Ausgangspunkt inzwischen nicht mehr der Holzstamm mit seinen Assoziationen des lebendig Gewachsenen, sondern ein durch geleimte Hölzer vorgegebener Block. Da Holz gemeinhin die Symbolik des rundum in die Landschaft Hineinwachsenden mit sich trägt, fällt auf, wie sehr Gerlach den meisten seiner Skulpturen Richtung und Orientierung gibt. Die Biegungen und Neigungen in der Form sind nicht vom Material vorgegeben, sondern Resultate der künstlerischen Arbeit. Das Gleiche gilt für figürliche Konnotationen, wie etwa die der trauernden Figur bei vielen vertikalen Arbeiten.

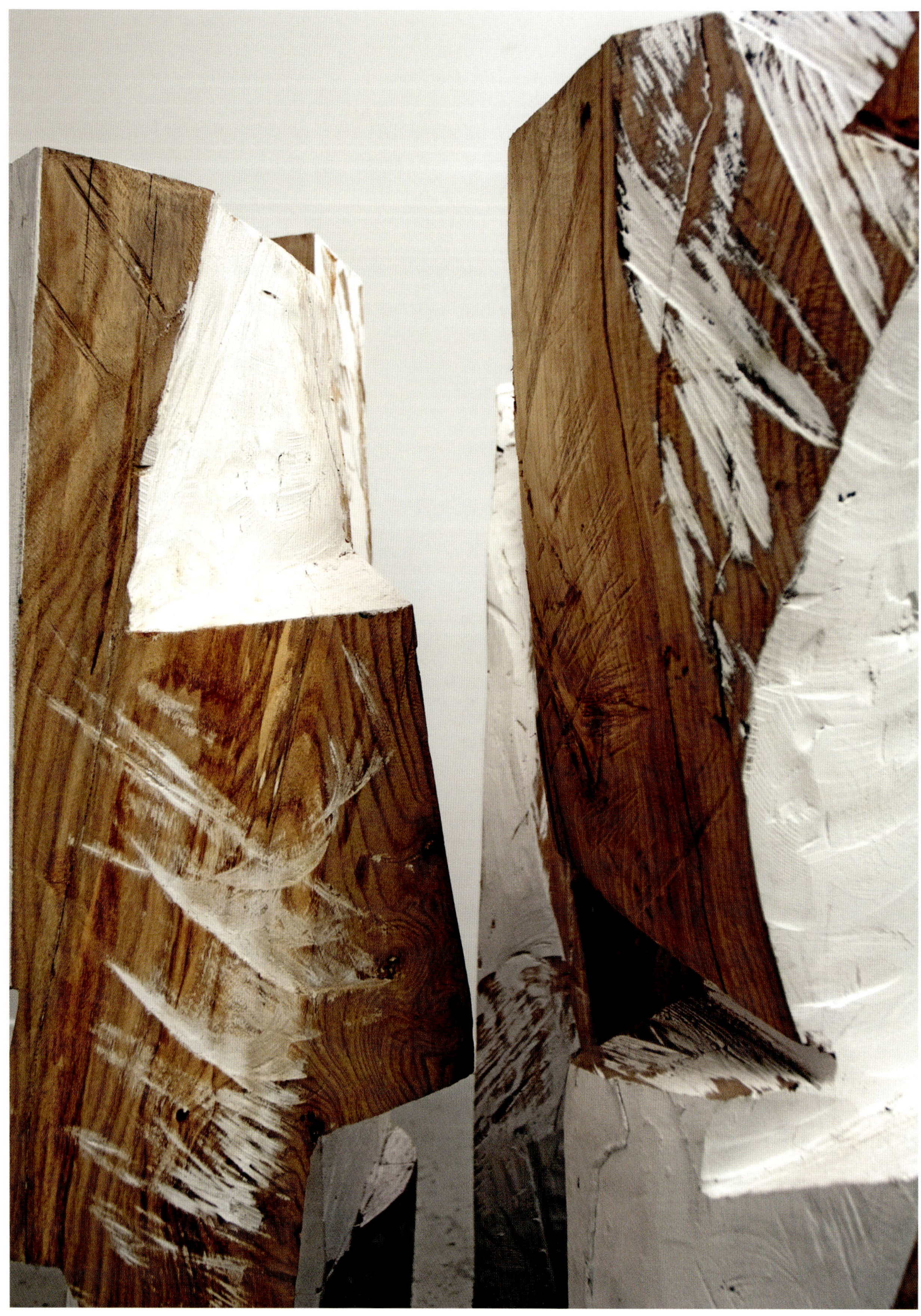

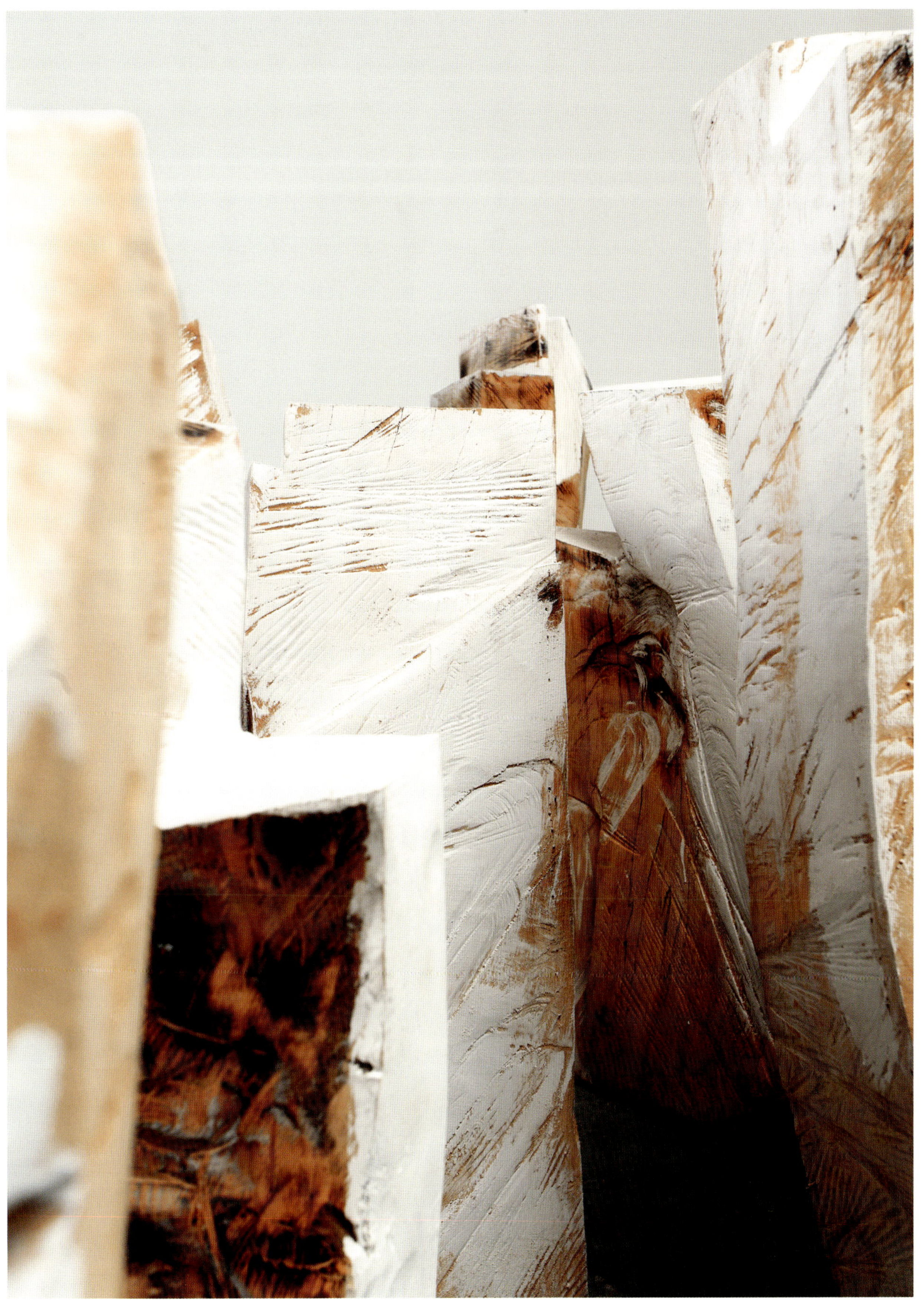

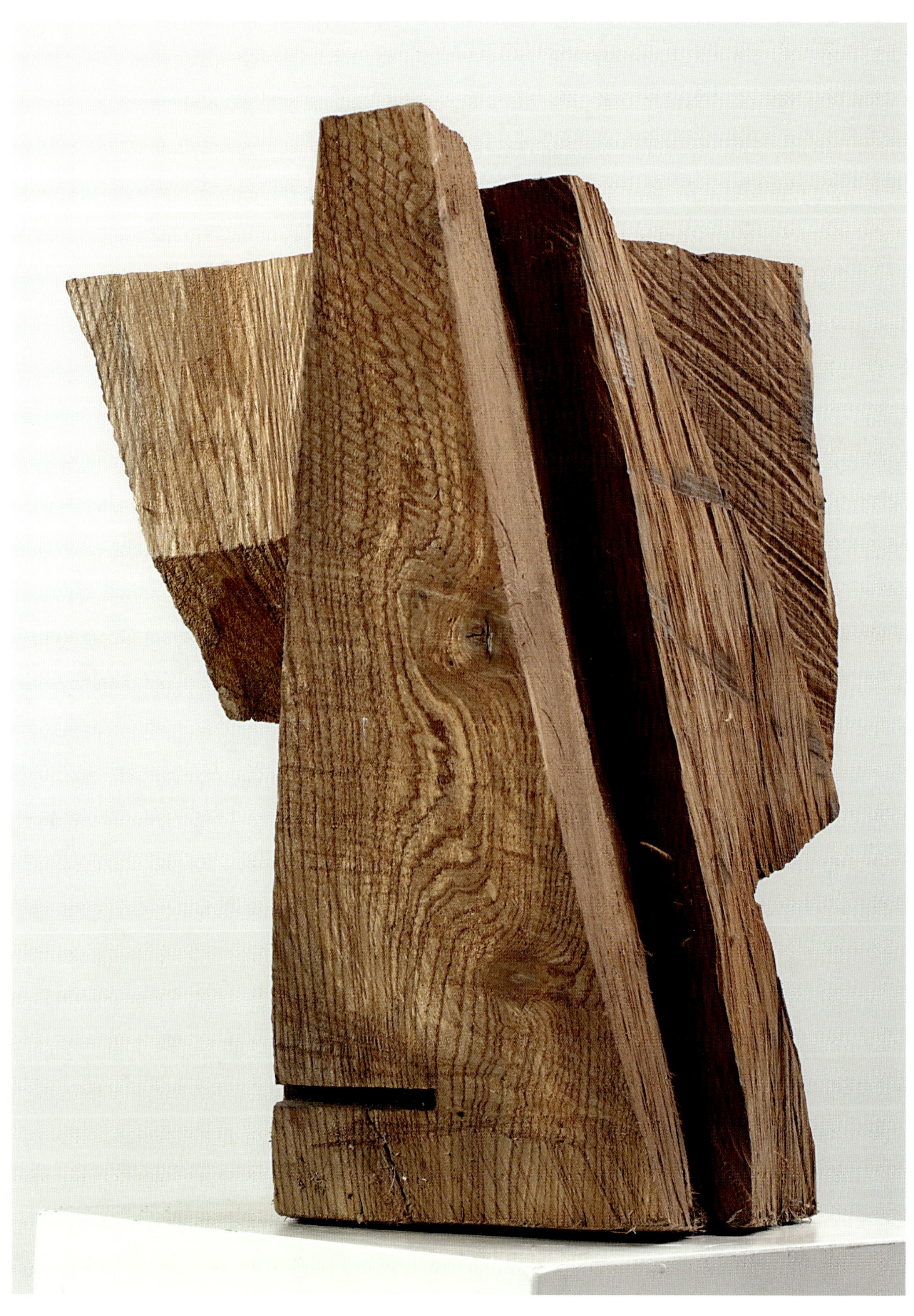

„Kopfgebäude", Ulme, Höhe 50 cm, 2007
"Head Structure", elm, height 50 cm, 2007

Ein vergleichbares hintersinniges Paradox findet sich in der beherrschten expressiven Formensprache des Künstlers. Während das Expressive direkt auf den Künstler persönlich weist, ist es die offenkundige Beherrschung, die den Blick darauf lenkt, dass dieser Künstler etwas anderes zeigen will als sich selbst. Das Expressive macht die bildhauerischen Grundformen sichtbar. Es gibt ihnen Charakter und Mehrwert. Hier zeigt sich, wie Gerlach die Errungenschaften der modernen Bildhauerei konsequent weiterführt. Es geht nicht um einen visuellen Beweis für eine vorformulierte Fragestellung, in diesem Fall eine einfache Grundform, sondern darum, mit einem beherrschten visuellen Überschuss etwas sichtbar zu machen: keine Kuben machen, um Kuben zu zeigen.

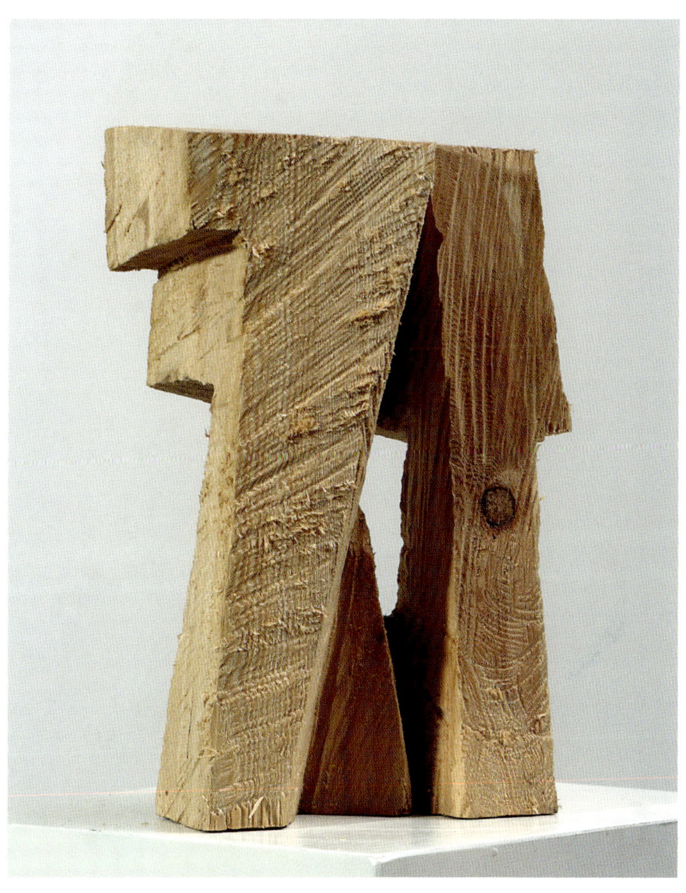

Modell, Lärche, Höhe 30 cm, 2007

Model, larch, hight 30 cm, 2007

Nowadays the history of modern sculpture is often described in simplified terms as the history of reduction (of form) and exorcism (of content). Yet really it has been concerned with exploring concentration and elaboration. Gunther Gerlach's sculptural work prompts this alternative kind of view of art history. Through its own sculptural qualities it makes the possibilities of a medium and the aspects of a tradition visible. The few parameters that define Gerlach's art (wood, gesturality, allusion to a figure, and colour) are structurally combined to yield a wealth of potential in the form of images that can be experienced. The size, scale, proportion and horizontal or vertical orientation of the sculptures relate very directly to the human body, so that the human figure is quite unequivocally visible, though never obtrusive. In addition to its surface expressiveness, this sculpture makes structural connections which people can see and understand. Perhaps that is the special characteristic of this sculpture: there are no subcutaneous levels, only aspects of equal value that coexist side by side and can be understood.

Gerlach's "experimental bodies" have a relatively open orientation. They can not only be rotated around their vertical axis but sometimes also turned over or tilted, which fundamentally alters their character. They occupy space and demarcate spatial boundaries. In combinations (ill. pp. 23–24) an interplay strikes up between objects and space, in which the latter manifests itself as moving intermediate space. Perceptible intermediate space is a possible outcome of the placement of objects but cannot be taken for granted, unlike mathematical intermediate space; creating this space is part of the sculptor's task, according to Gerlach's own understanding of his role. His "experimental bodies" empirically investigate the transition between the homogenous mathematical space and the experienced space.[5] It gives the impression of a foundational theory in which certain mathematically definable aspects (horizontal, vertical, diagonal) are the constants. Yet at the same time, the visual surplus of the sculptural form – as described above – gives rise to a virtually endless spectrum, which makes it worthwhile to return constantly to this basic question: what does a certain sculptural form do with space?

The pieces known as "experimental bodies" often resemble leftovers from sculptural work. In direct comparison with the vertical sculptures, they seem to be the individual elements from which the former are constructed. It is as if previous sculptures and elements from installations have been destroyed, only to resurface as experimental bodies in the cycle of exploratory probing of form and space. The basic forms with which Gerlach appears to work are non-predefined entities that he assembles. They can also be liberated from structural contexts in order to act autonomously as body-like objects. Furthermore, the experimental bodies suggest that individual elements in the larger sculptures possess the essential potency of a "test piece".

Die Geschichte der modernen Bildhauerei wird heute oft vereinfacht als die Geschichte von Reduktion (der Form) und Exorzismus (der Inhalte) beschrieben, wobei sie eigentlich von einem Ausloten von Konzentration und Entfaltung handelt. Die Bildhauerei von Gunther Gerlach provoziert einen solchen alternativen Blick auf die Kunstgeschichte. Sie macht über die eigenen skulpturalen Eigenschaften Möglichkeiten eines Mediums und Aspekte einer Tradition sichtbar. Die wenigen Parameter, welche Gerlachs Kunst bestimmen (Holz, Gestus, Erinnerung an Figur und auch Farbe), zeigen in der strukturierten Verbindung ein enormes Potenzial an erfahrbaren Bildern. Größe, Maßstab, Proportion sowie horizontale oder vertikale Orientierung beziehen sich dabei sehr direkt auf den menschlichen Körper, sodass die menschliche Figur, obwohl nie vordergründig doch eindeutig, sichtbar ist. Neben den expressiven Oberflächen dieser Bildhauerei sind für Menschen sichtbare strukturelle Zusammenhänge vorhanden, die verstanden werden können. Vielleicht ist das die Besonderheit dieser Bildhauerei: Es gibt keine subkutanen Ebenen, sondern nur gleichwertig nebeneinander existierende Aspekte, die verstanden werden können.

Gerlachs „Probekörper" besitzen eine relativ offene Orientierung. Sie können nicht nur um ihre vertikale Achse gedreht, sondern manchmal auch gewendet oder schräg umgelegt werden, wodurch sich ihr Charakter grundsätzlich ändert. Sie verdrängen Raum und markieren Raumgrenzen. In Kombinationen (Abb. S. 23–24) entsteht ein Wechselspiel zwischen Objekten und Raum, bei dem sich der Letztgenannte als bewegter Zwischenraum zeigen kann. Der erfahrbare Zwischenraum ist ein mögliches Resultat der Setzung von Objekten, nicht jedoch eine Selbstverständlichkeit, wie es der mathematische Zwischenraum ist. Die Schaffung dieses Raumes gehört nach Gerlachs Selbstverständnis zu den Aufgaben eines Bildhauers. Mit den „Probekörpern" wird der Übergang zwischen dem homogenen mathematischen Raum und dem erlebten Raum experimentell untersucht.[5] Es entsteht der Eindruck einer Grundlehre, bei der bestimmte mathematisch beschreibbare Aspekte (Horizontale, Vertikale, Diagonale) Konstanten bilden. Gleichzeitig wird aber durch den oben beschriebenen visuellen Überschuss der bildhauerischen Form eine schier endlose Bandbreite ermöglicht, welche eine ständige Rückkehr zu dieser Grundfrage sinnvoll macht: Was macht eine bestimmte skulpturale Form mit dem Raum?

Die sogenannten „Probekörper" scheinen oft wie Reststücke der bildhauerischen Arbeit. Im direkten Vergleich mit den vertikalen Skulpturen scheinen sie die einzelnen Einheiten zu sein, aus denen jene aufgebaut sind. Dabei entsteht der Eindruck, dass frühere Skulpturen und Elemente aus Installationen zerstört wurden und als Probekörper erneut Eingang in den Kreislauf des Auslotens von Form und Raum finden. Die Grundformen, mit denen Gerlach zu arbeiten scheint, sind somit nicht vorgegebene Einheiten, die zusammengefügt werden. Sie werden auch aus strukturellen Zusammenhängen herausgelöst, um selbstständig als körperhafte Gegenstände zu agieren. Die Probekörper geben daneben den Hinweis, dass einzelne Elemente in den größeren Skulpturen grundsätzlich die Potenz des „Probestückes" besitzen.

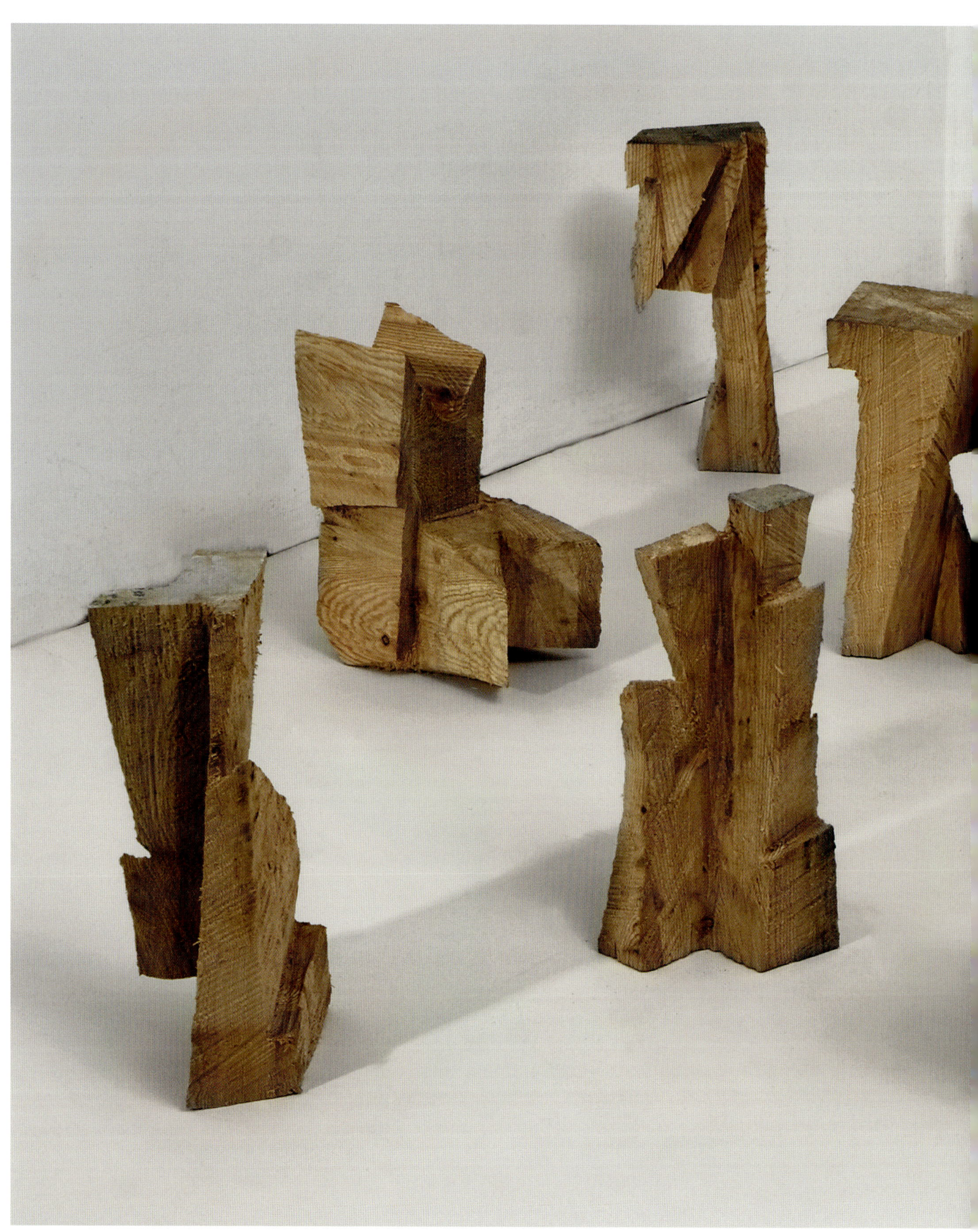

„Neun Probekörper", verschiedene Hölzer, 2007
"Nine Experimental Bodies", various woods, 2007

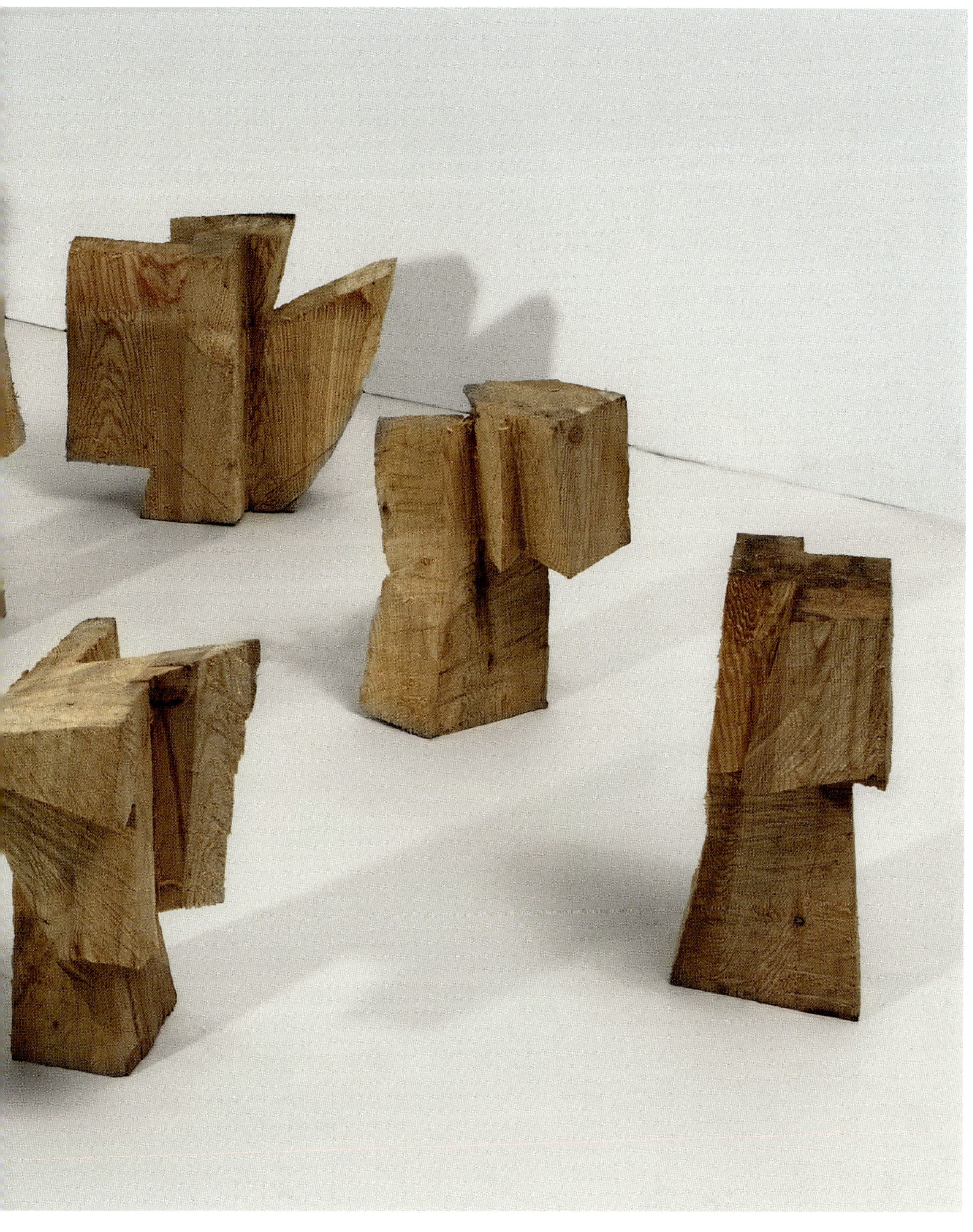

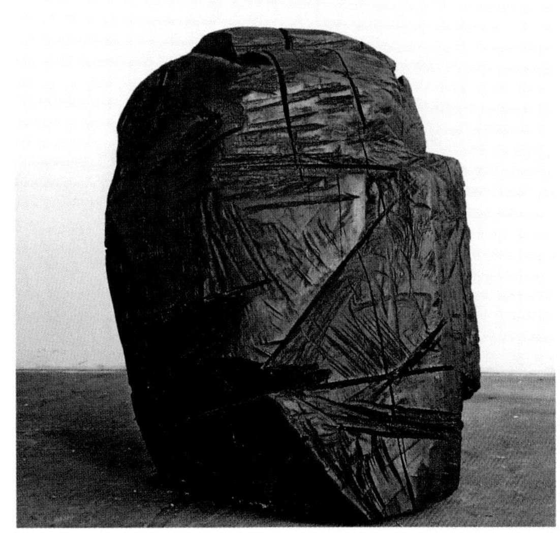

Skulpturoid, Holz, 110 x 80 cm, 1991
Sculpturoid, wood, 110 x 80 cm, 1991

Die Schnitte in den eindeutig orientierten Skulpturen sind nie gerade, sondern leicht konvex oder konkav, und bei näherer Betrachtung zeigt sich die leichte Konkave als dominant. Dabei sollte bedacht werden, dass konvexe und gerade räumliche Schnittflächen im Fall des Materials Holz aus der (expressiven) Bewegung des Machers stammen können. Die Konkave stellt dagegen immer eine bewusste Entscheidung des Künstlers gegen den von Material und Werkzeug vorgezeichneten einfachen Weg dar. Genauso wie eine eindeutige konvexe Wölbung offensichtlich Raum verdrängt und eine Konkave den Raum eindringen lässt, sucht Gerlach nach alternierenden Flächen, die sich im strukturellen Zusammenhang bewegen. Diese Suche weckt den Eindruck eines vorsichtigen Arbeitens, was wiederum durch den expressiven Gestus und die offensichtlich genutzte Kraft konterkariert wird: Ein Paradox, das sich durch Erfahrung und Methode erklären lässt.

Während seine Skulpturen ein oft subtiles alternierendes Wechselspiel mit dem Umraum eingehen, sind Gerlachs solitäre „Skulpturoiden" vergleichsweise autistische Raumverdränger. Ihre Größe, Masse und Unbeweglichkeit lässt ein rivalisierendes Verhältnis zum Betrachter entstehen. Jede seiner Skulpturen ist ein Fremdkörper, aber indem Gerlach zwischen „Probekörper", Skulpturen und „Skulpturoiden" graduelle Abstufungen schafft, behauptet er einen ganz bestimmten Platz der Skulptur innerhalb der zeitgenössischen Kunst. Bildhauerei ist dann nicht nur die Kunst der vom Menschen geschaffenen funktionslosen Objekte im Raum, sondern die Kunst des Auslotens und Zeigens der Übergänge zwischen körperhaftem Gegenstand und Raum (und Betrachter). Es ist diese in den Kunstwerken nachvollziehbare Haltung, welche Gerlach mit der Tradition der modernen Bildhauerei verbindet.

Auch Farbe besitzt bei Gerlach zuallererst einen räumlichen Aspekt. Sie unterstreicht formale bildhauerische Gesichtspunkte und macht daneben den Raum enger (schwarz) oder weiter (weiß). Nicht nur die Form verändert durch die Farbe ihren Charakter, sondern auch der Umraum. Dunkle Farben sind eher raumverdrängend, wobei Gerlach bei dem gesättigten Blau, der gelegentlich von ihm verwendeten dritten Farbe, eine seit Goethe bekannte Eigenschaft dieser Farbe nutzt: „Es ist etwas Widersprechendes von Reiz und Ruhe im Anblick".[6] Diese Farbe kann Raum verdrängen oder ihn aufsaugen, womit der Bogen zum Erleben durch die Betrachter geschlagen wäre.

The incisions in the sculptures with a definite orientation are never straight but slightly convex or concave, and on closer examination the slightly concave type proves to be dominant. Another thought to keep in mind in relation to the material of wood is that convex and linear sliced planes can stem from the (expressive) motion of the maker. The concave, by contrast, always represents a conscious choice by the artist not to follow the easy route preordained by material and tool. In exactly the same way as a clearly convex curve intrudes into space and a concave one lets the space in, Gerlach seeks alternating surfaces that move in structural correlation. This search for alternating surfaces awakens the impression of painstaking work, which in turn is contradicted by the expressive gesturality and the obvious force used: a paradox that can be explained in terms of experience and method.

Whereas his sculptures often engage in a subtle, alternating interplay with the surrounding space, Gerlach's solitary "sculpturoids" are comparatively autistic occupiers of space. Their size, mass and immovability generate a relationship of opposition with the viewer. Every one of Gerlach's sculptures is an out-of-place object, but in the graduated degrees of progression that he establishes between "experimental bodies", sculptures and "sculpturoids", he asserts a very definite place for sculpture within contemporary art. Sculpture, then, is not only the art of man-made, functionless objects in space, but the art of exploring and showing the transitions between body-like object, space (and the viewer). It is this stance, appreciable in the artworks themselves, which links him to the tradition of modern sculpture.

Colour in Gerlach's work also has a primarily spatial aspect. It underscores formal sculptural features whilst also narrowing (black) or widening (white) the space. It is not just the form whose character is altered by colour, but also the surrounding space. Dark collours tend to fill space, and in his occasional use of saturated blue as a third colour, Gerlach utilises a property of this colour known since Goethe's times: "a kind of contradiction between excitement and repose".[6] This colour can occupy space or absorb it, which might pave the way for viewers to experience it.

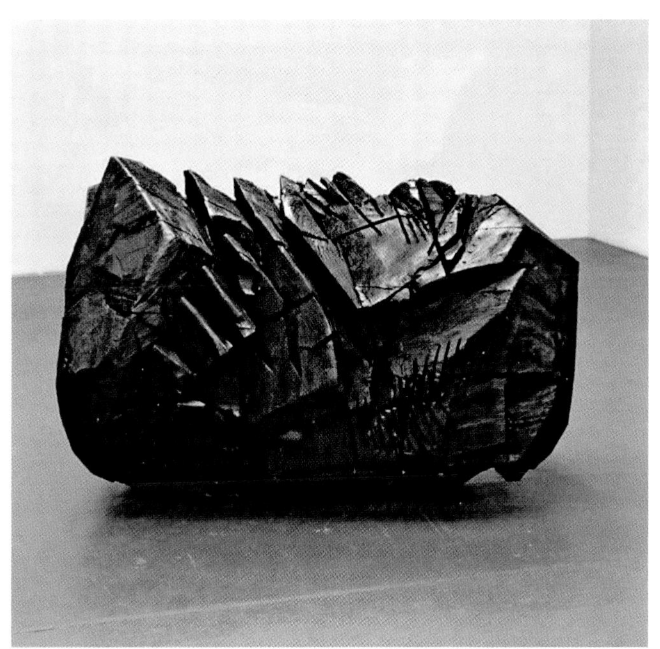

Skulpturoid, Künstler Werkstatt Lothringerstraße, München, Holz, 1992

Sculpturoid, Künstlerwerkstatt Lothringerstraße, Munich, wood, 1992

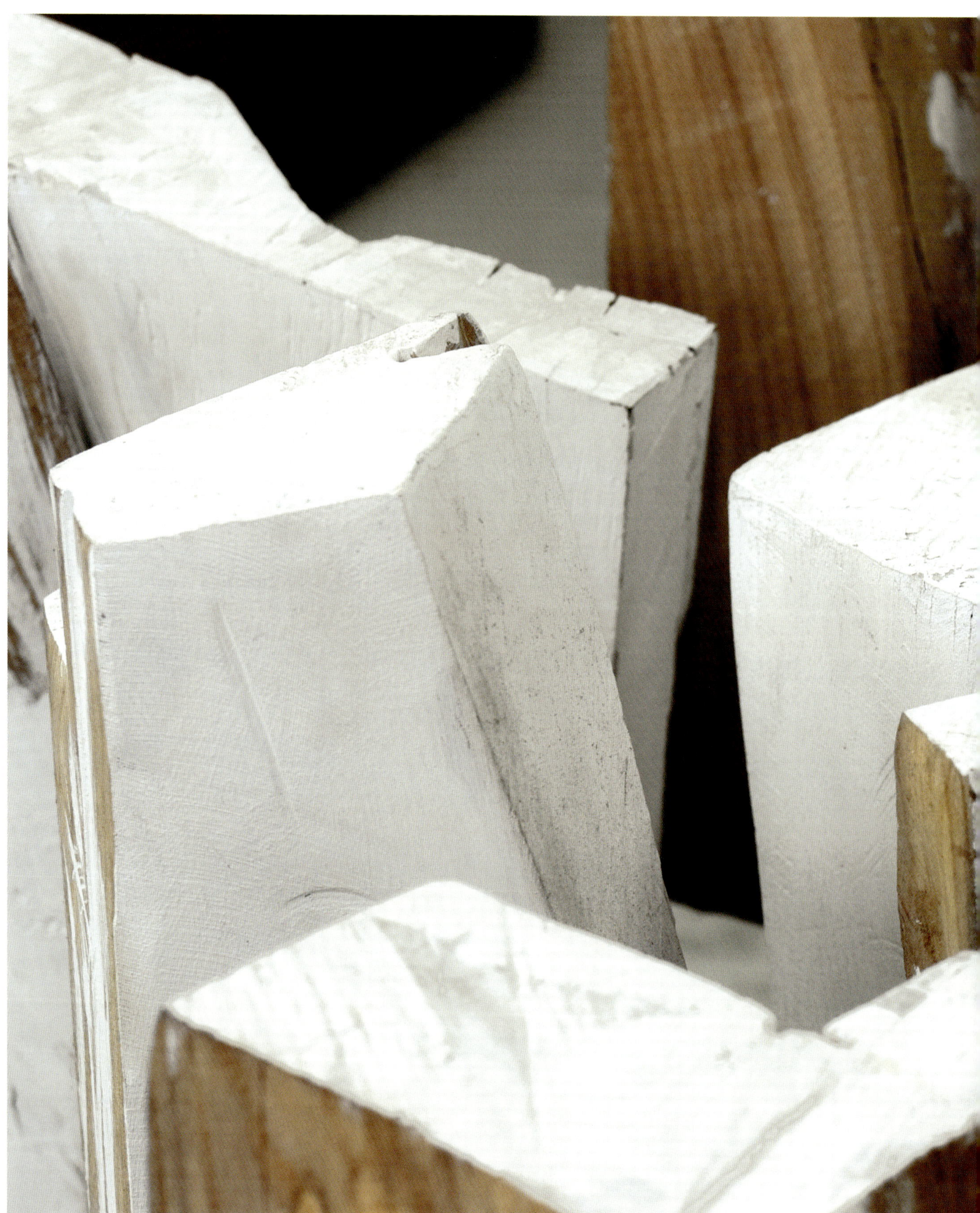

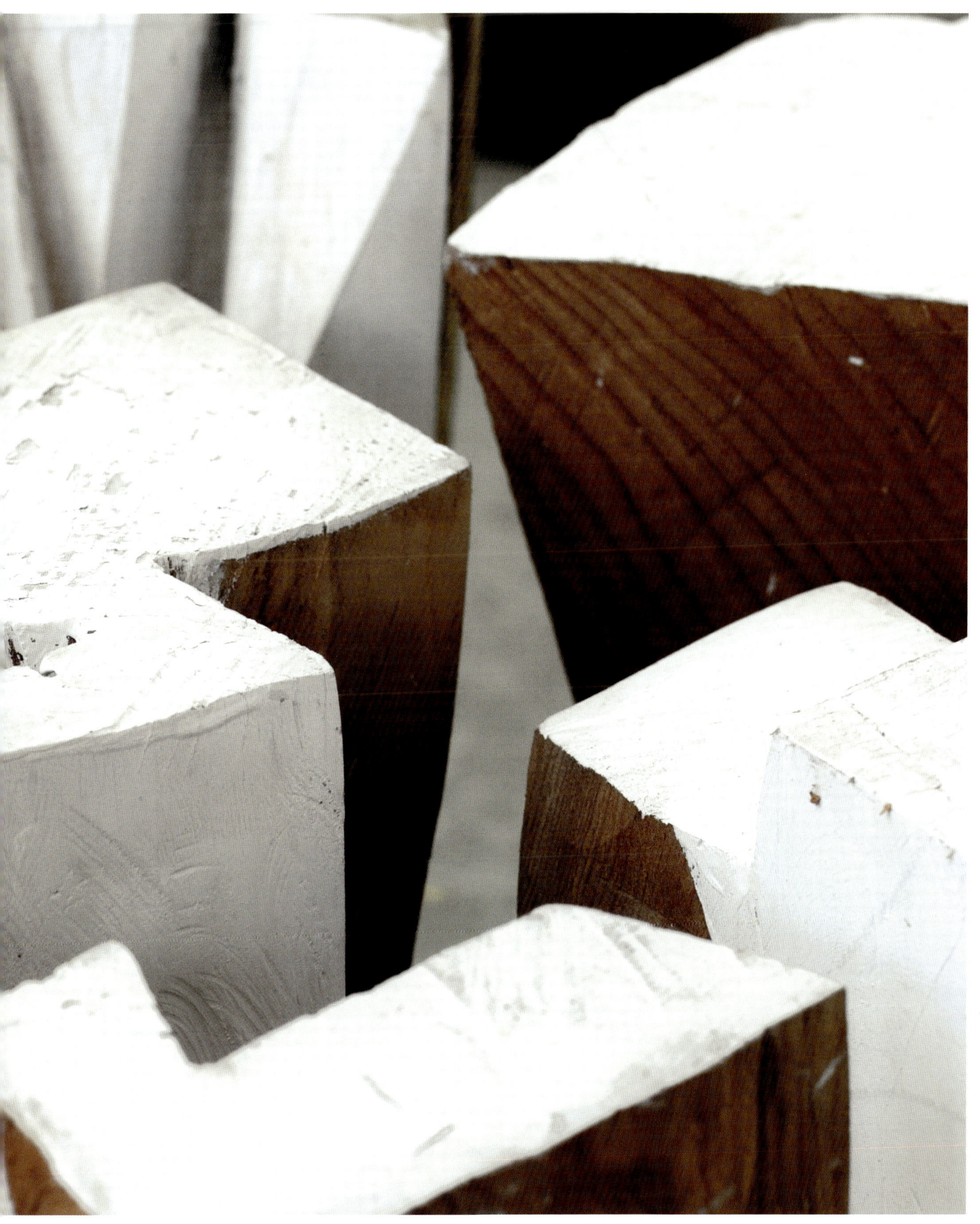

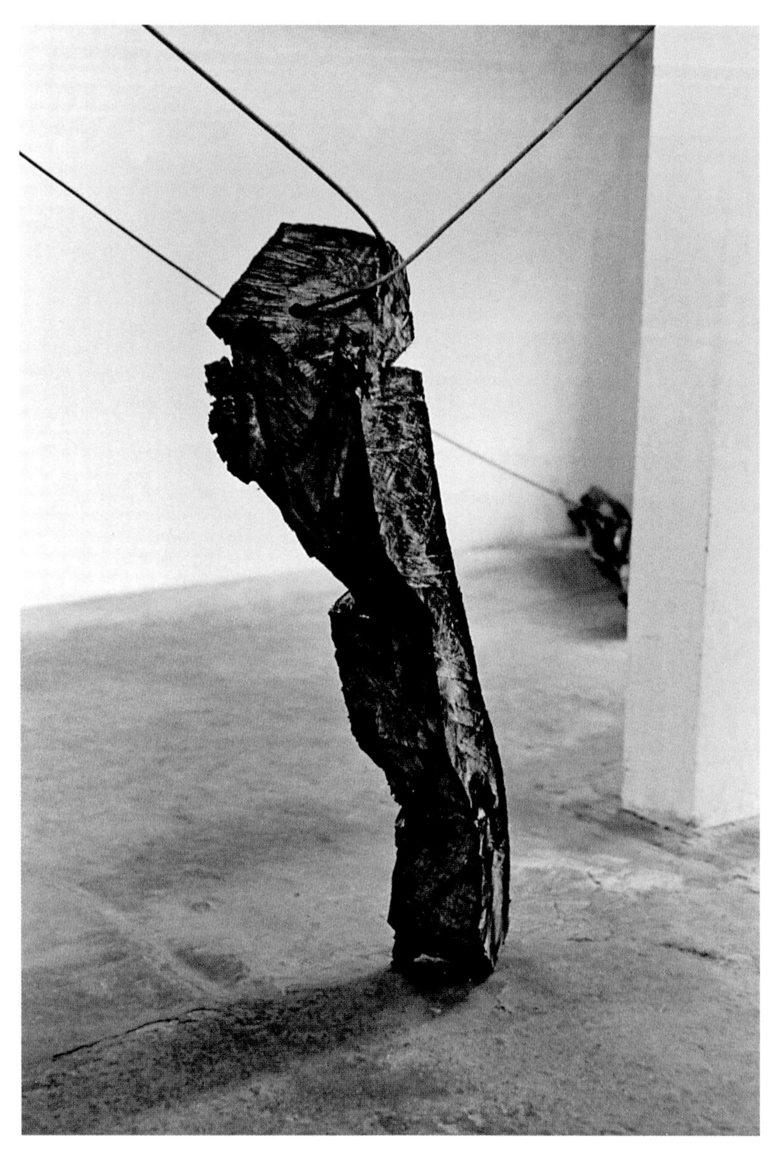

Installation „Das Seil", Ausschnitt, Prima Kunst, Kiel, 1988
Installation "The Cable", detail, Prima Kunst, Kiel, 1988

Lakonisch beschreibt Gerlach seine Arbeit als „ästhetische Forschung mit selbst gemachten Gegenständen". Er kennt die vielen Konnotationen des Materials Holz, nutzt es aber vor allem, weil damit schnell Resultate erreicht werden können. Die verschiedenen Werkgruppen haben eine unterschiedliche symbolische Wirkung, die sehr stark von der Beziehung zum menschlichen Körper abhängt. Während „Probekörper" und „Skulpturoiden" relativ wenige inhaltliche Assoziationen wecken, sind es die vertikalen und horizontal orientierten Objekte, welche durch die Proportionen an menschliche Körper erinnern. Formen und Figurationen werden daher auf einer unterbewussten Ebene als Gesten und Haltungen verstanden. Sie sind nicht intentional, aber ein vom Künstler genutzter Aspekt, der bei den Skulpturen eine Ebene der Wahrnehmung hinzufügt und eine direkte Verbindung mit dem Betrachter herstellt. Da Gesten meistens intuitiv verstanden werden, geht es hier nicht um explizite Inhaltlichkeit, sondern um ein weiteres Durchbrechen der scheinbar klaren Grenzen zwischen Objekt und Betrachter im Raum. Gerlachs Bildhauerei lebt von einer gewissen Unbestimmtheit im positiven Sinne,[7] die sich im Verstehen präzisiert. Dabei geht es nicht darum, dass Betrachter sich etwas einbilden, sondern darum, dass sie es in der räumlichen Wahrnehmung ergänzen.

Gunther Gerlachs Bildhauerei handelt konsequent davon, dass der Raum mehr sein kann als nur leer. Seine Kunst lässt sich als ein ausgeprägtes und offenes Vokabular beschreiben, mit dem Räume markiert werden können. Diese Markierung findet aber nicht durch einfache Abgrenzung statt, sondern durch die Setzung von plastischen, mit dem Raum interagierenden Körpern. Sobald diese Kunst auf konkrete Räume trifft, entsteht eine bemerkenswerte Mischform zwischen der sogenannten „drop-sculpture" und der Installation. Das erste Wort beschreibt die Idee, dass man eine Skulptur an jedem Ort fallen lassen könnte und sie funktioniert, das zweite dagegen die künstlerische Praxis, die sich auf den spezifischen Raum und seine Gegebenheiten bezieht. Ein Großteil zeitgenössischer Bildhauerei bewegt sich offensichtlich zwischen diesen beiden Polen, aber es ist die experimentelle Haltung zum räumlichen Potenzial einer jeden einzelnen Form, welche im Fall von Gunther Gerlach die künstlerische Sprache bestimmt. Aus dieser Haltung heraus kann sich diese Bildhauerei nicht bloß dem Raum unterordnen. Sie behauptet sich und schafft ihn.

Arie Hartog

1 Vgl. Andrew J. Mitchell: Heidegger among the sculptors. Body, Space and the Art of Dwelling, Stanford 2010.
2 Ein zeitgenössischer Versuch, diesen Bereich für die Kunstgeschichte zu beanspruchen bei: Jeroen Damen: Het Woord is aan het beeld. Vijf Nederlandse beelden na 1960, Diss. Universiteit Leiden 2012.

Gerlach laconically describes his work as "aesthetic research with self-made objects". He knows the many connotations of the material of wood, but uses it primarily because rapid results can be achieved. The different groups of works have a different symbolic effect which depends very heavily on the relationship to the human body. While "experimental bodies" and "sculpturoids" awaken relatively few associations of content, it is the vertically and horizontally oriented objects whose proportions are reminiscent of human bodies. Forms and figurations are therefore understood on a subconscious level as gestures and postures. They are not intentional but an aspect used by the artist, which adds a perceptual level to his sculptures, paving the way for a direct connection with the viewer. Since gestures are usually understood intuitively, this is not a matter of explicitly conveying content but of further penetrating the seemingly clear boundaries between object and viewer in the space. Gerlach's sculpture thrives on a certain indeterminacy, in the positive sense,[7] which becomes more definite in the understanding. The aim is not for viewers to imagine something but, in perceiving the object spatially, to add something themselves.

Gunther Gerlach's sculpture consistently addresses the idea that space is not just empty but can be something more. His art can be described as a distinctive and open vocabulary with which spaces can be demarcated. But rather than by simply delineating boundaries, this demarcation occurs through the placement of sculptural bodies that interact with the space. As soon as this art encounters concrete spaces, it gives rise to a remarkable hybrid form in between what is known as "drop sculpture" and installation. The first term refers to the idea of a sculpture that can be dropped in any place and still work; the second, in contrast, is the artistic practice that is related to a specific space and its setting. Much of contemporary sculpture obviously falls in between these two poles, but in Gunther Gerlach's case it is the experimental stance towards the spatial potential of any given individual form that determines the artistic language. By the very nature of that stance, this sculpture cannot merely subjugate itself to the space but, in asserting itself, actually creates it.

Arie Hartog

[1] Cf. Andrew J. Mitchell: Heidegger Among the Sculptors. Body, Space and the Art of Dwelling, Stanford 2010.
[2] A contemporary attempt to claim this area for art history is found in: Jeroen Damen: Het Woord is aan het beeld. Vijf Nederlandse beelden na 1960, Diss. Universiteit Leiden 2012.
[3] Cf. Bernhard Waldenfels: Sinne und Künste im Zusammenspiel. Modi Ästhetischer Erfahrung, Frankfurt am Main 2010, pp. 40-83. While writing this text I noticed how precisely the phenomenological terminology applies to modern sculpture. That sculptors who renounced the fundamental indeterminacy of sculpture made use of a (reduced) phenomenological terminology to do so deserves more detailed research.
[4] The metaphor of the spotlight originally came from Maurice Merleau-Ponty.
[5] On "spatial experience" cf. Otto Friedrich Bollnow: Human Space, London 2011 (Mensch und Raum, Stuttgart 1963)
[6] Johann Wolfgang von Goethe: Theory of Colours, translated by C. L. Eastlake, London 1840 (Zur Farbenlehre (1810), § 779, in: Johann Wolfgang von Goethe: Werke. Hamburger Ausgabe, Vol. 13, Munich 1981, p. 49).
[7] On this indeterminacy: Waldenfels 2010, op. cit., p. 56.

3 Vgl. Bernhard Waldenfels: Sinne und Künste im Zusammenspiel. Modi Ästhetischer Erfahrung, Frankfurt am Main 2010, S. 40–83. Es fällt auf, wie präzise die phänomenologische Terminologie für die moderne Bildhauerei zutrifft. Dass Bildhauer, die sich von der grundsätzlichen Unbestimmtheit der Bildhauerei abkehrten, dazu eine (reduzierte) phänomenologische Terminologie benutzten, verdient nähere Erforschung.
4 Die Metapher des Scheinwerfers stammt von Maurice Merleau-Ponty.
5 Zum „erlebten Raum" vgl. Otto Friedrich Bollnow: Mensch und Raum, Stuttgart 1963.
6 Johann Wolfgang von Goethe: Zur Farbenlehre (1810), in: Johann Wolfgang von Goethe: Werke. Hamburger Ausgabe, Band 13, München 1981, § 779, S. 498.
7 Zu dieser Unbestimmtheit: Waldenfels 2010 (wie Anm. 3), S. 56.

Installation „Going fishing", Kito, Bremen, 1992

Installation "Going fishing", Kito, Bremen, 1992

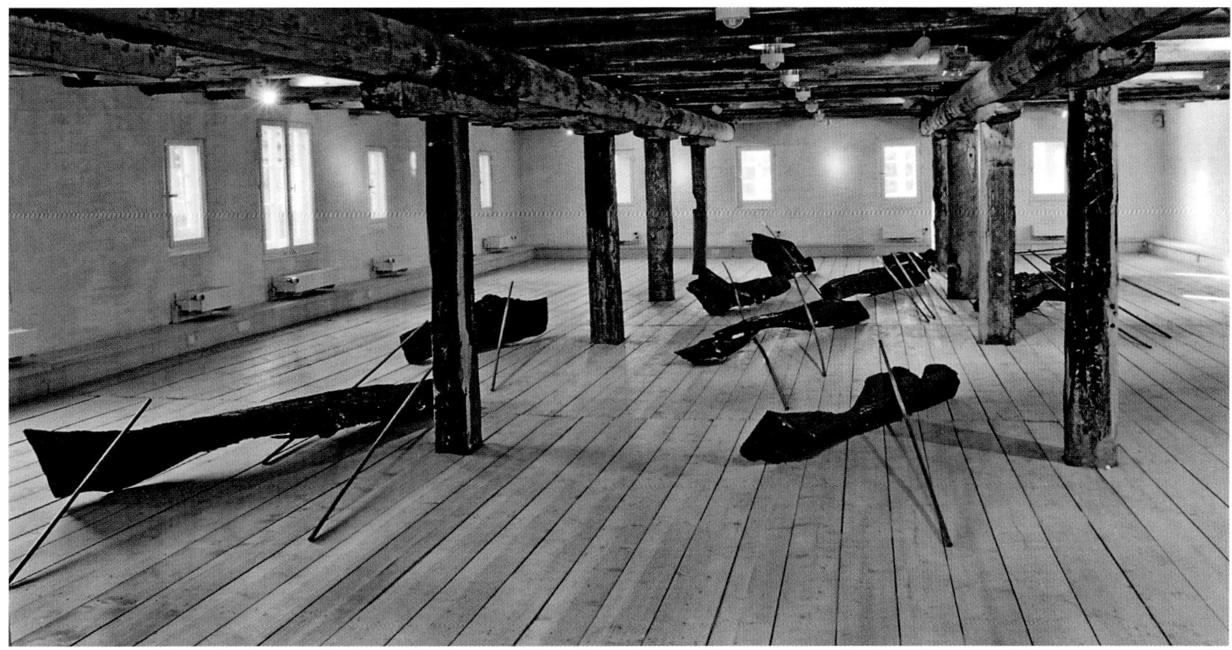

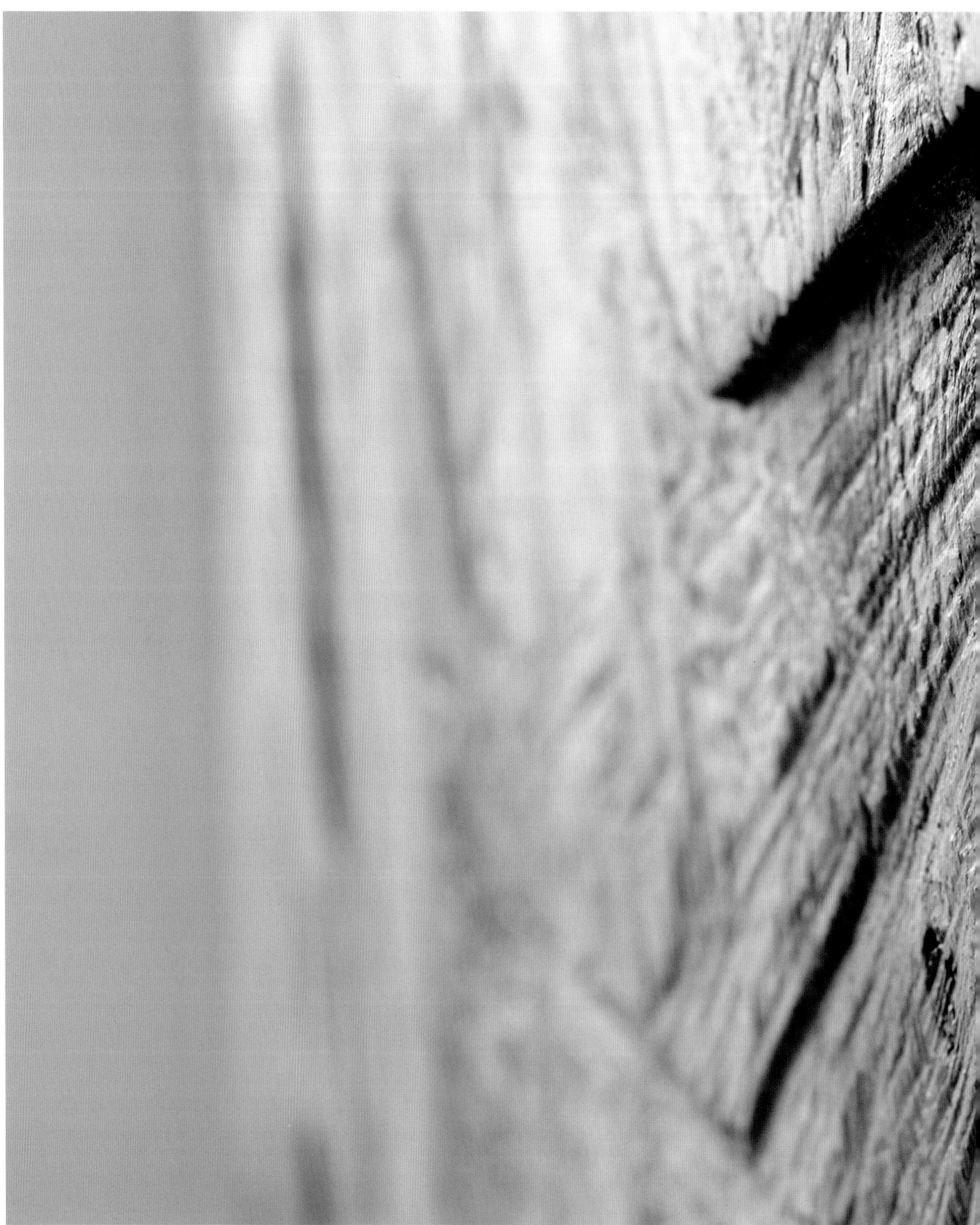

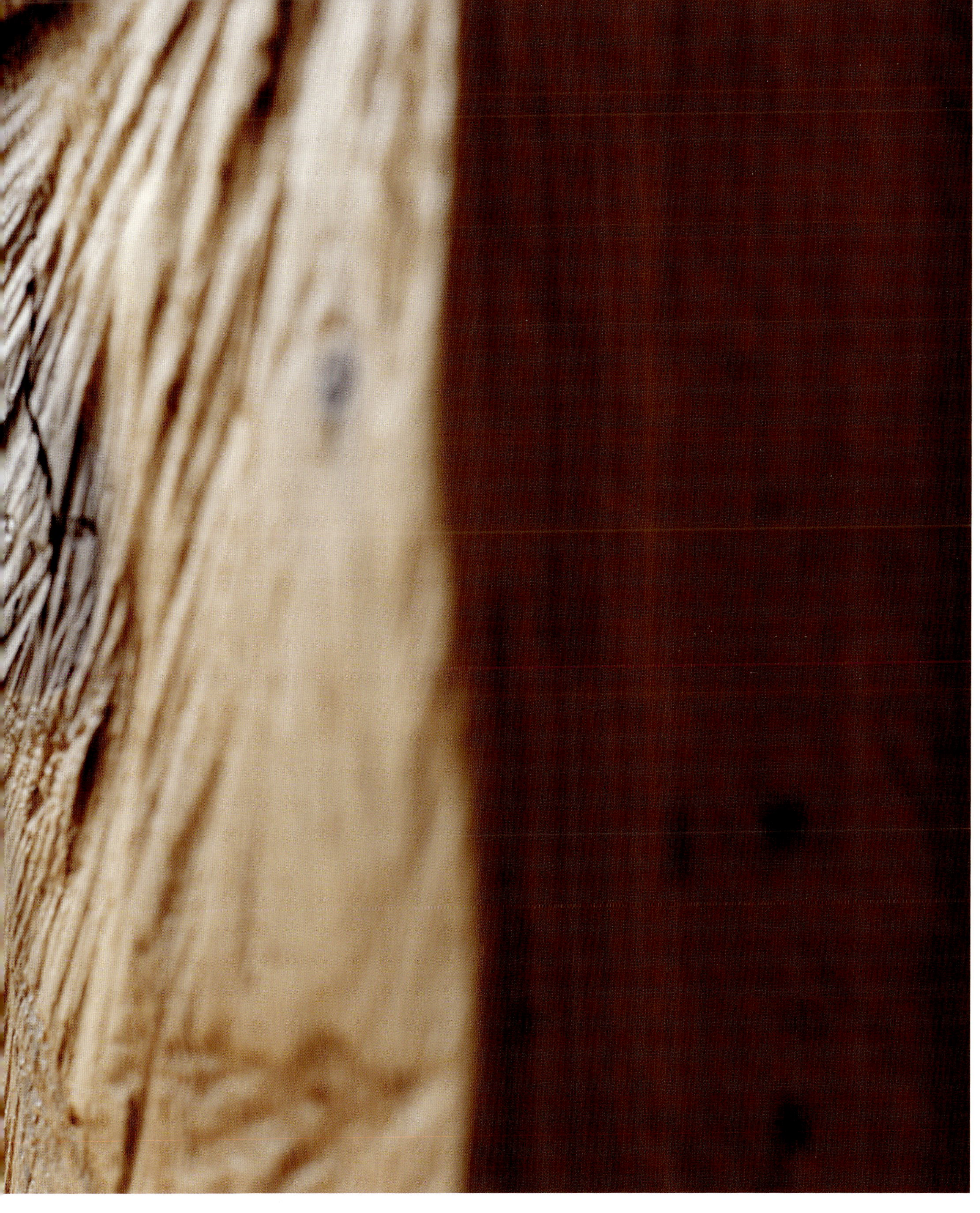

Probekörper
Experimental bodies

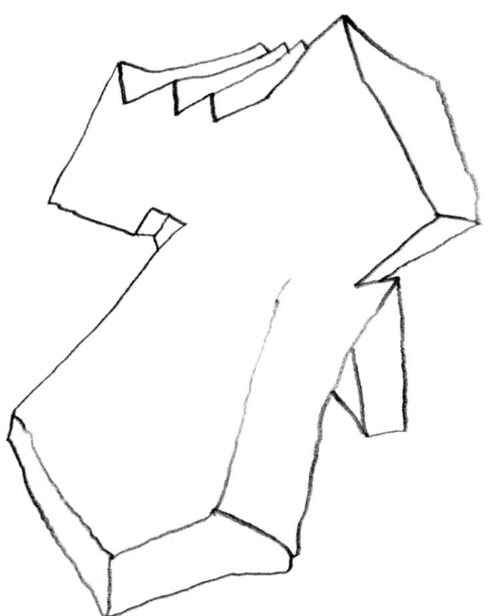

Probekörper sind Formstücke zur Erkundung räumlicher Konstellationen.

Experimental bodies are form elements for investigating spatial constellations.

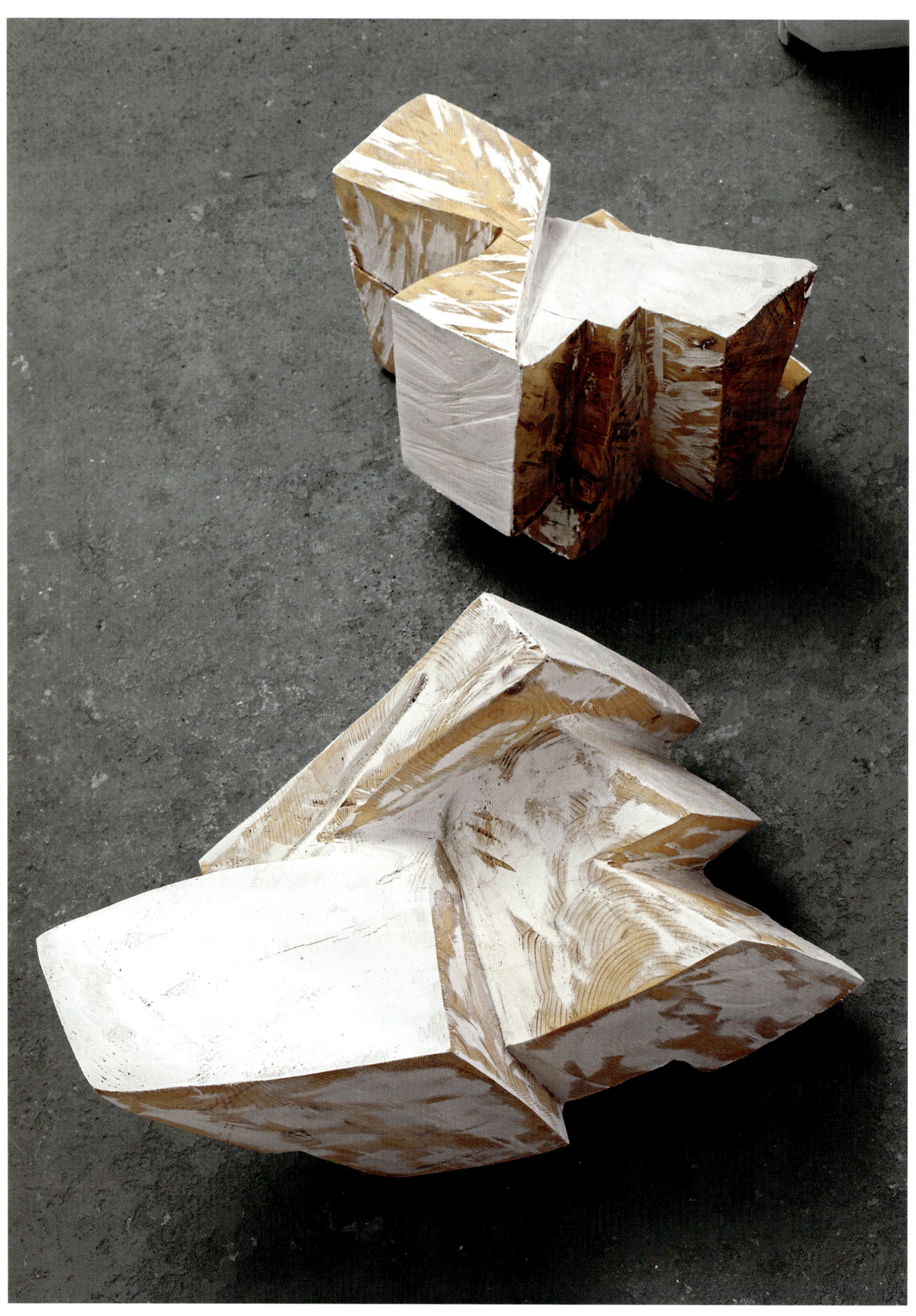

„Probekörper", Ausschnitt, Leimholz, 2013

"Experimental Bodies", detail, glued wood, 2013

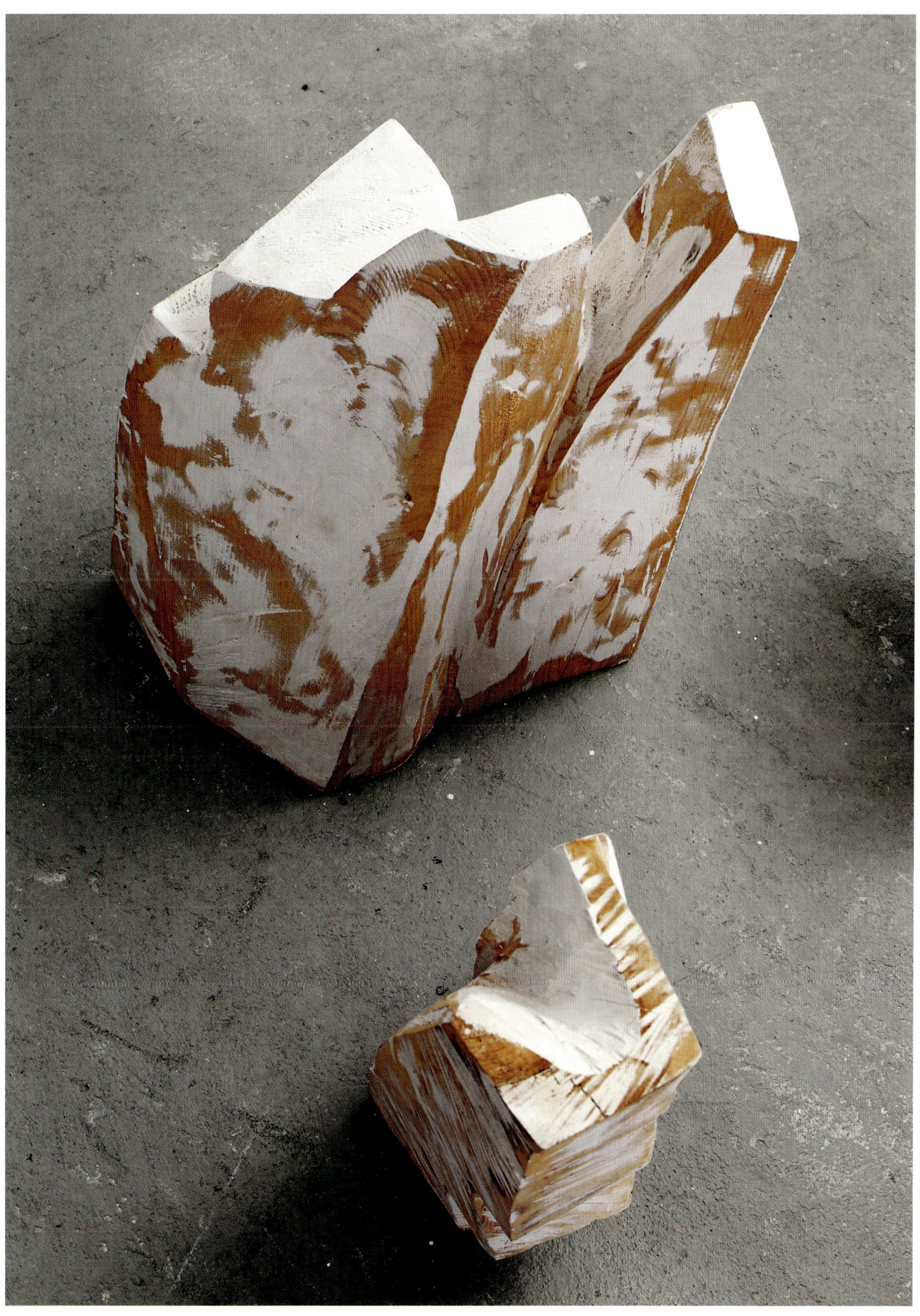

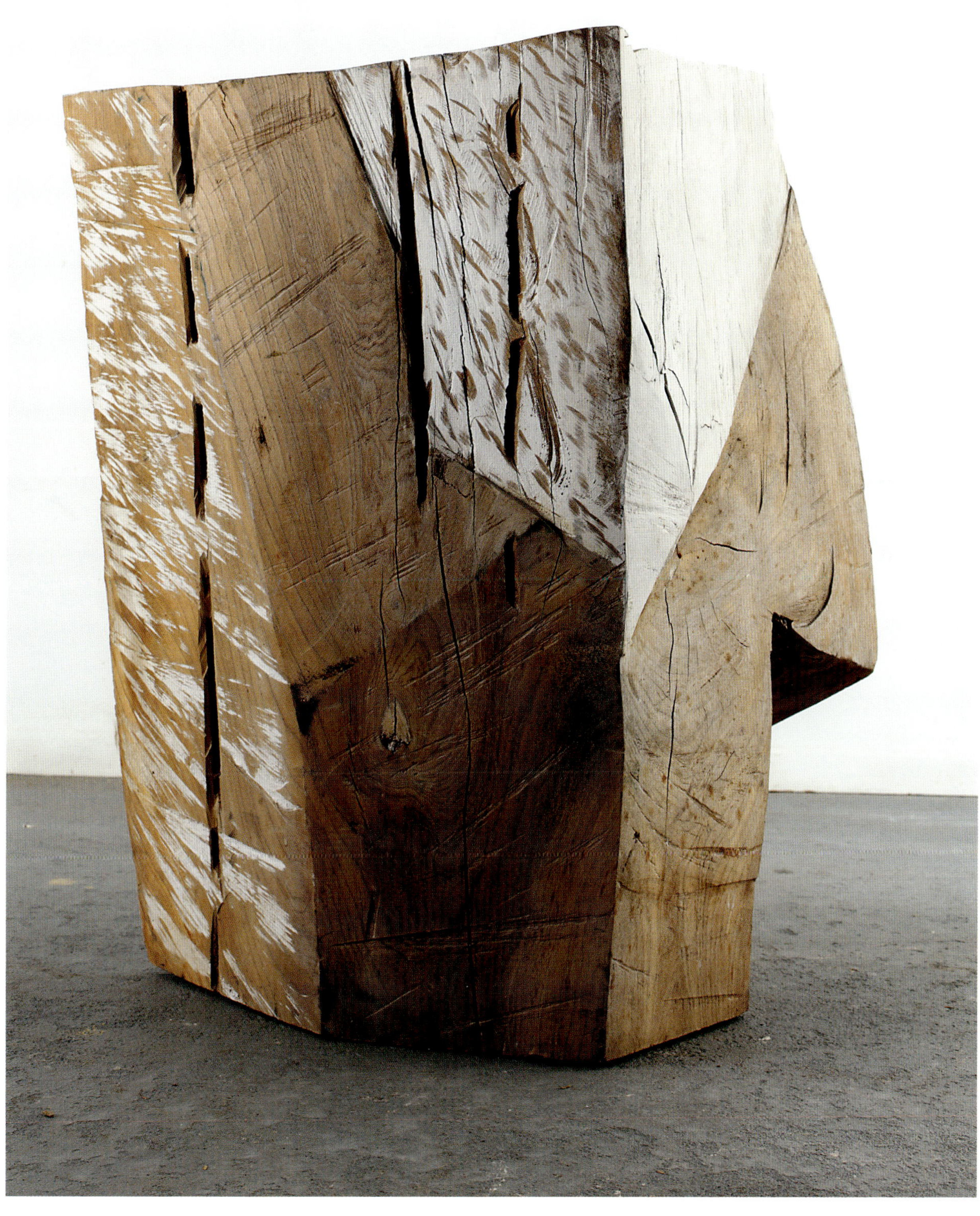

Block, Ulme, 100 x 60 cm, 2005

Block, elm, 100 x 60 cm, 2005

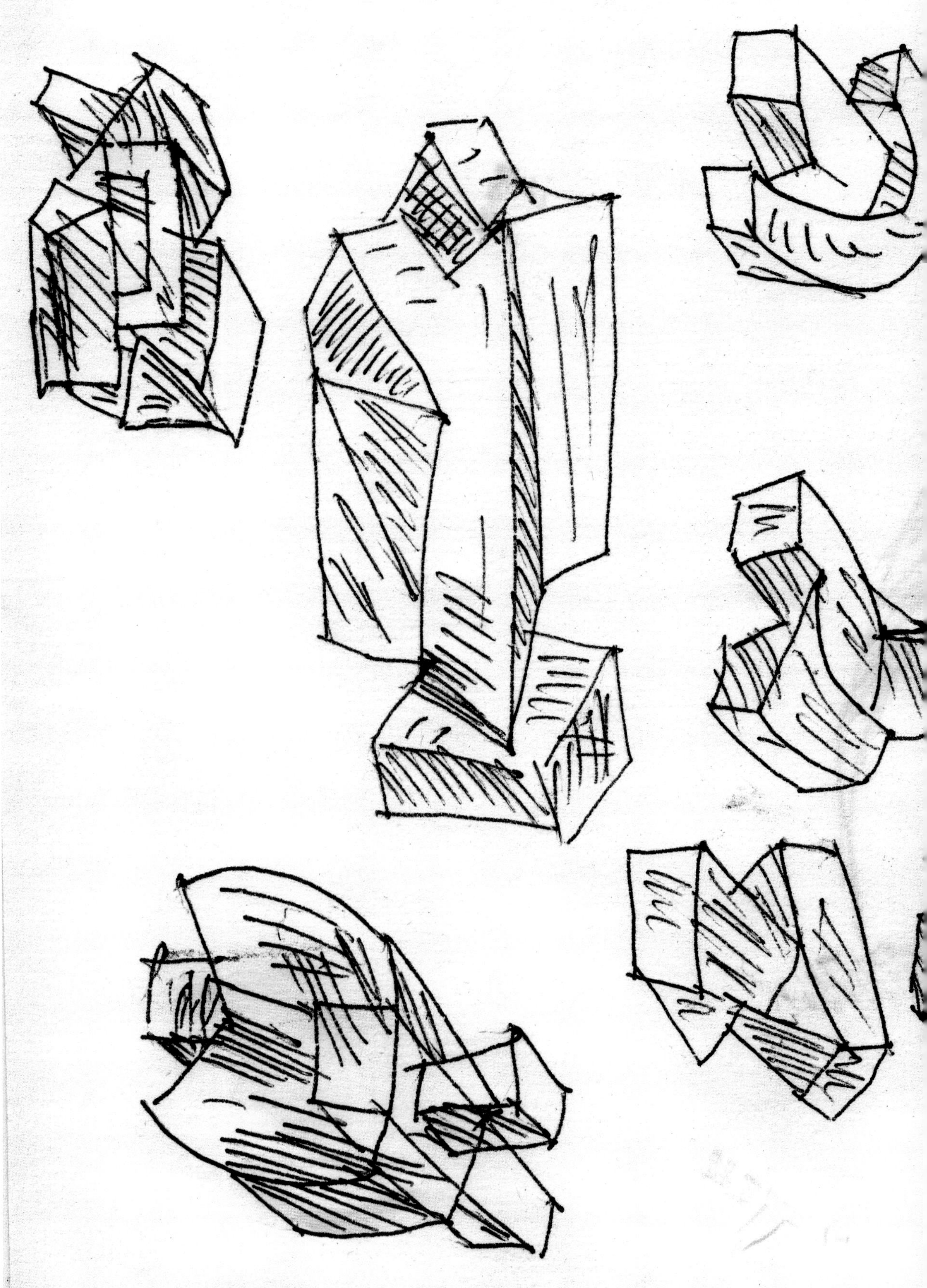

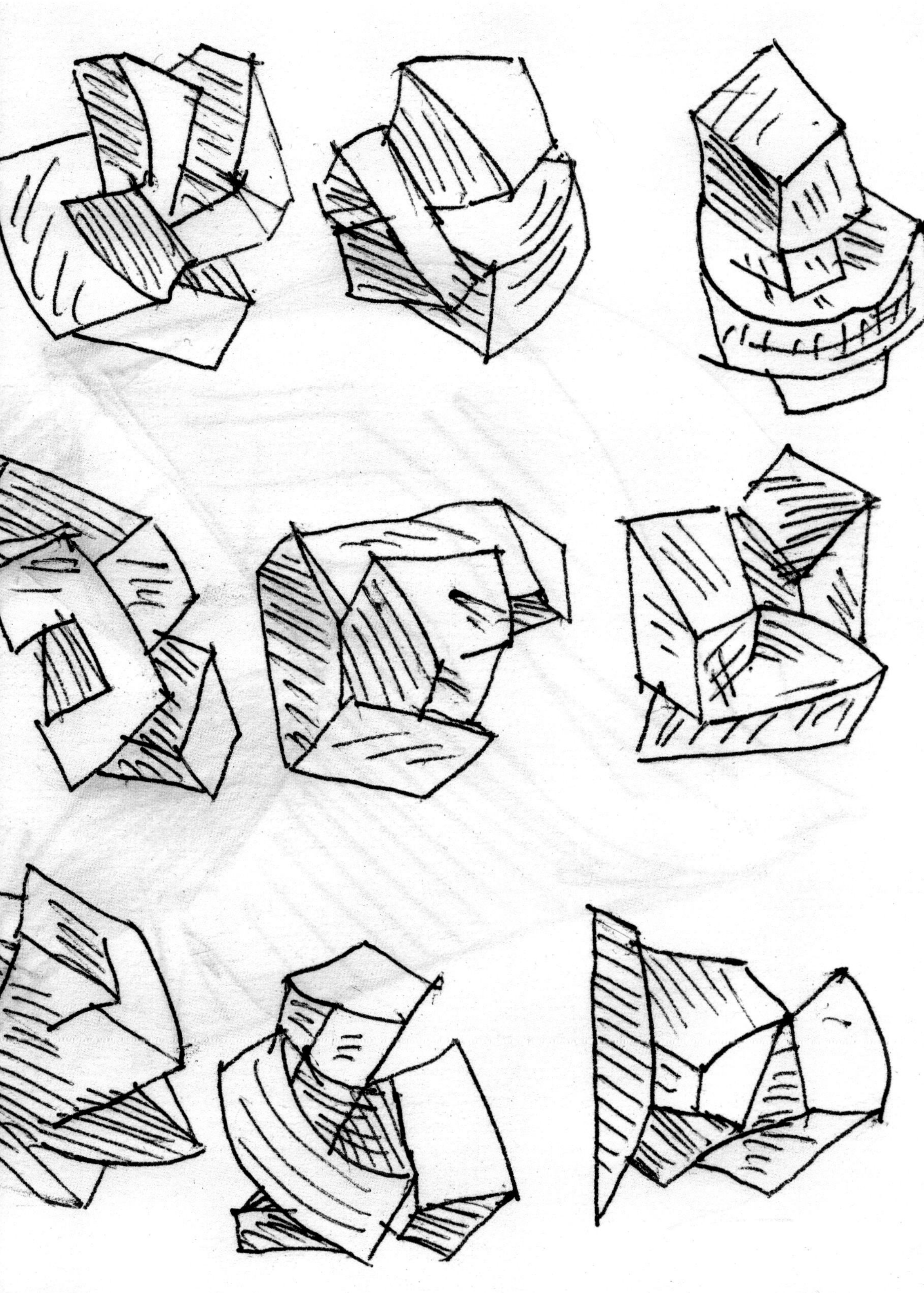

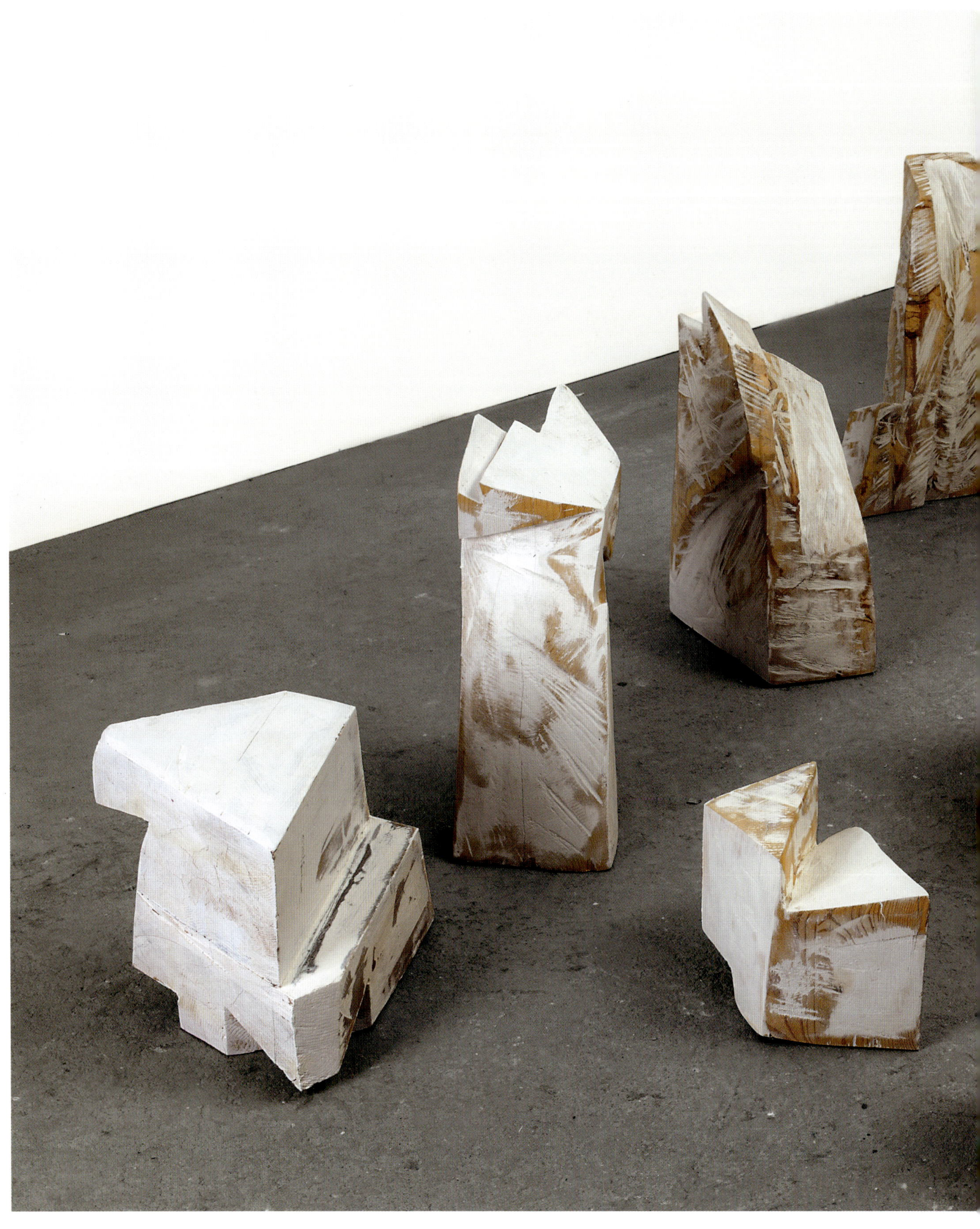

„Elf Probekörper", Leimholz, 2013
"Eleven Experimental Bodies", glued wood, 2013

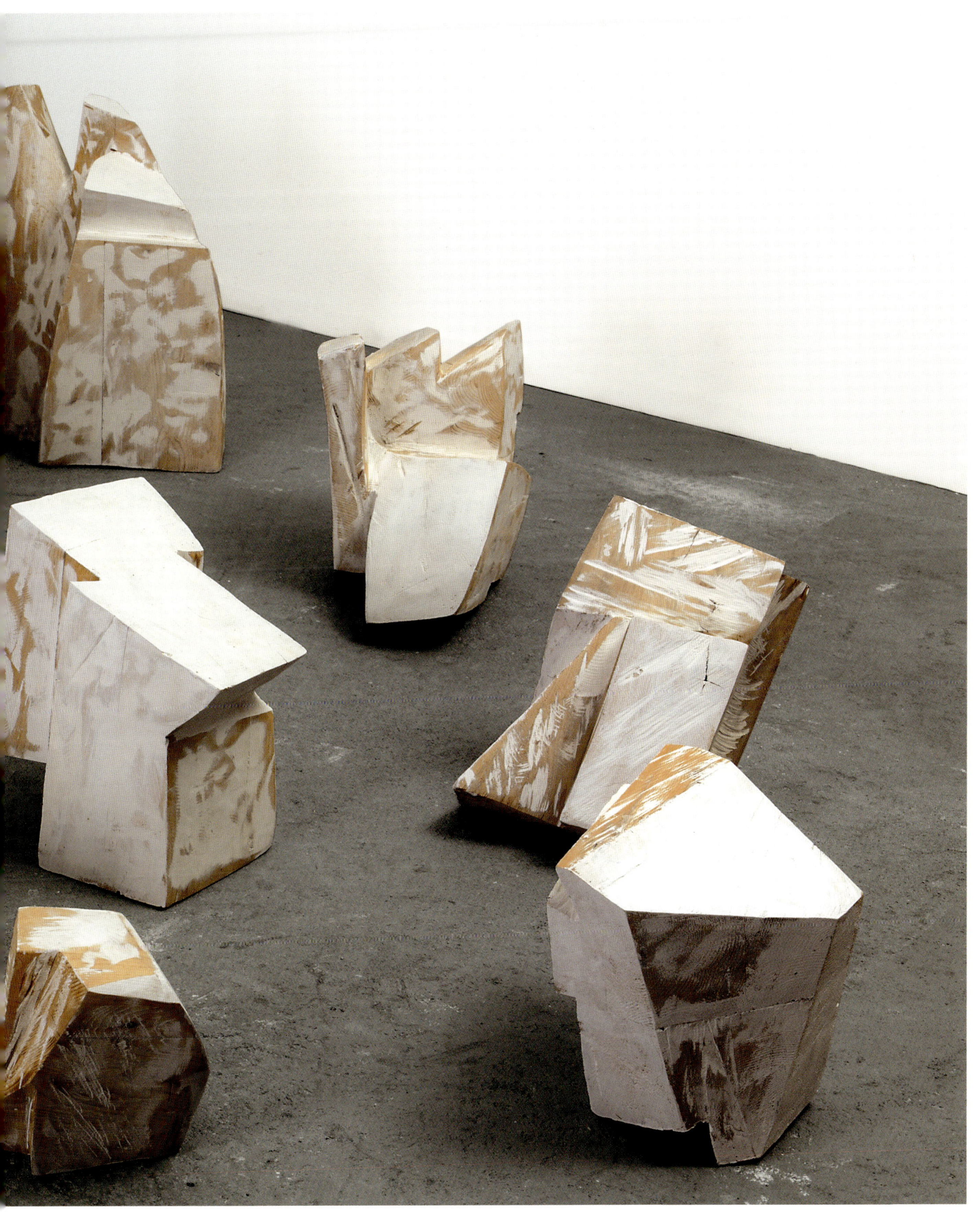

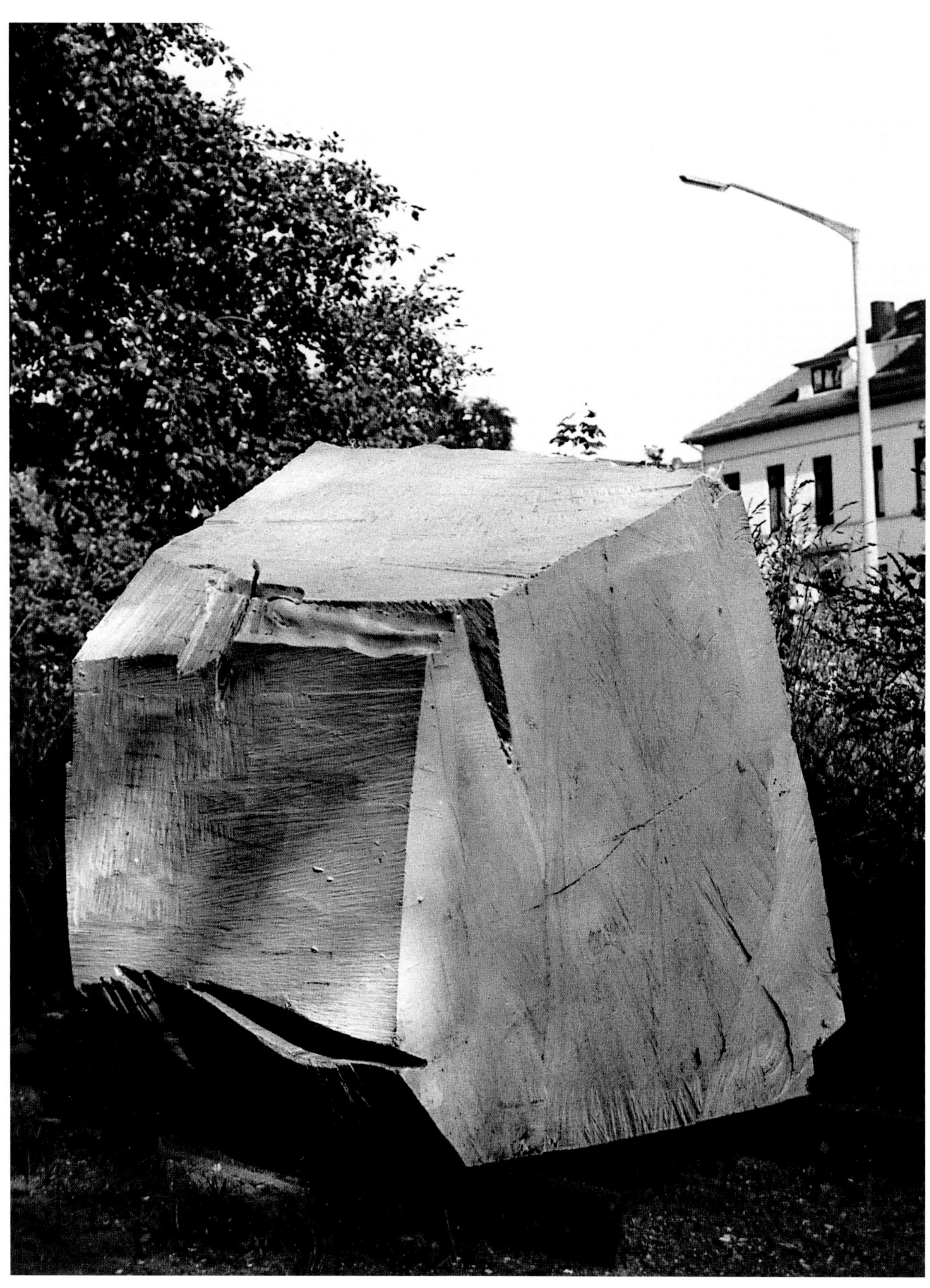

„Installation Steinbaum", Block 1 und 2 von 6, Buche, 140 x 120 cm, Rembertikreisel, Bremen, 1986

"Tree Block Installation", Block 1 and 2 of 6, beech, 140 x 120 cm, Remberti traffic roundabout, Bremen, 1986

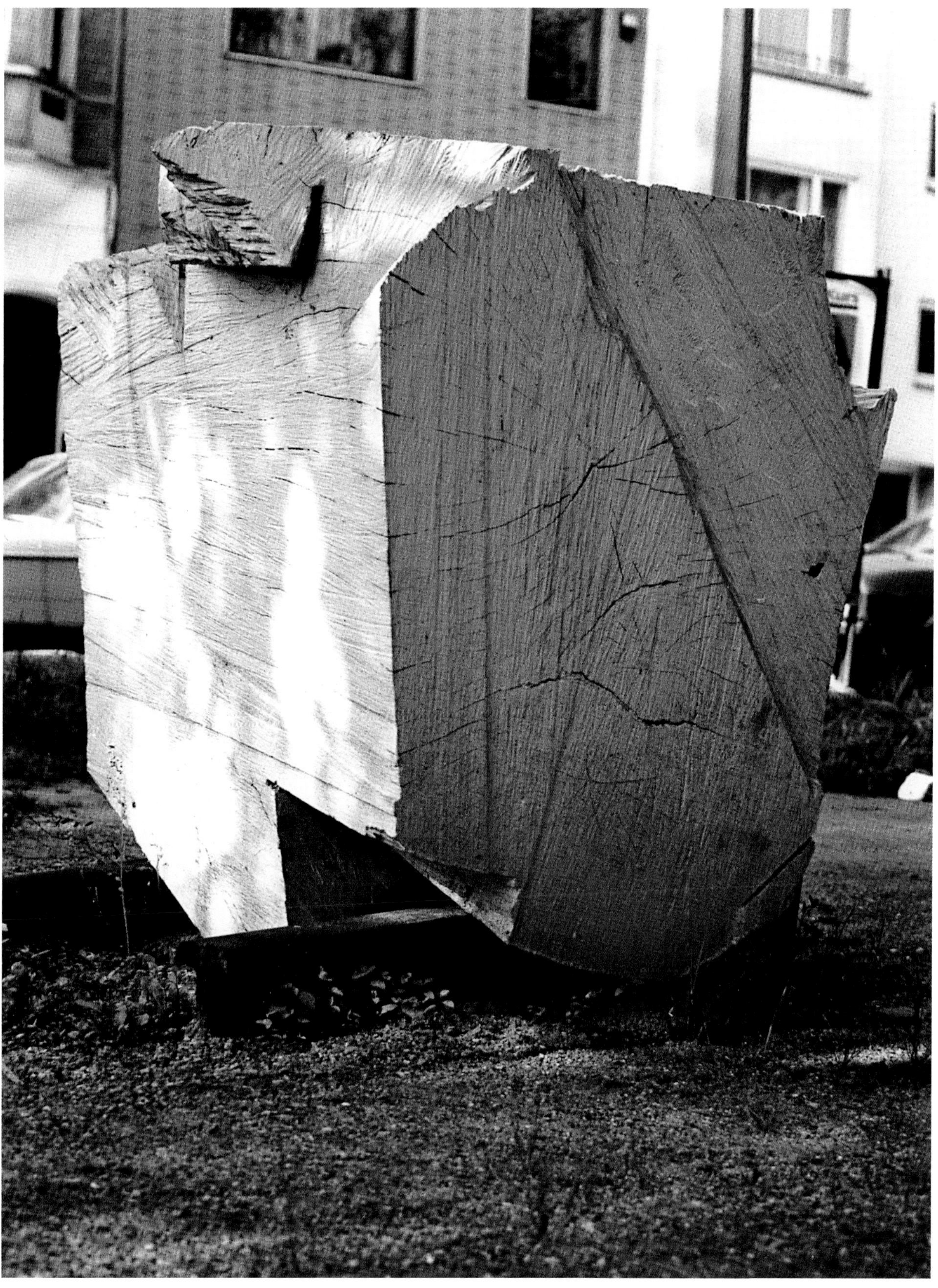

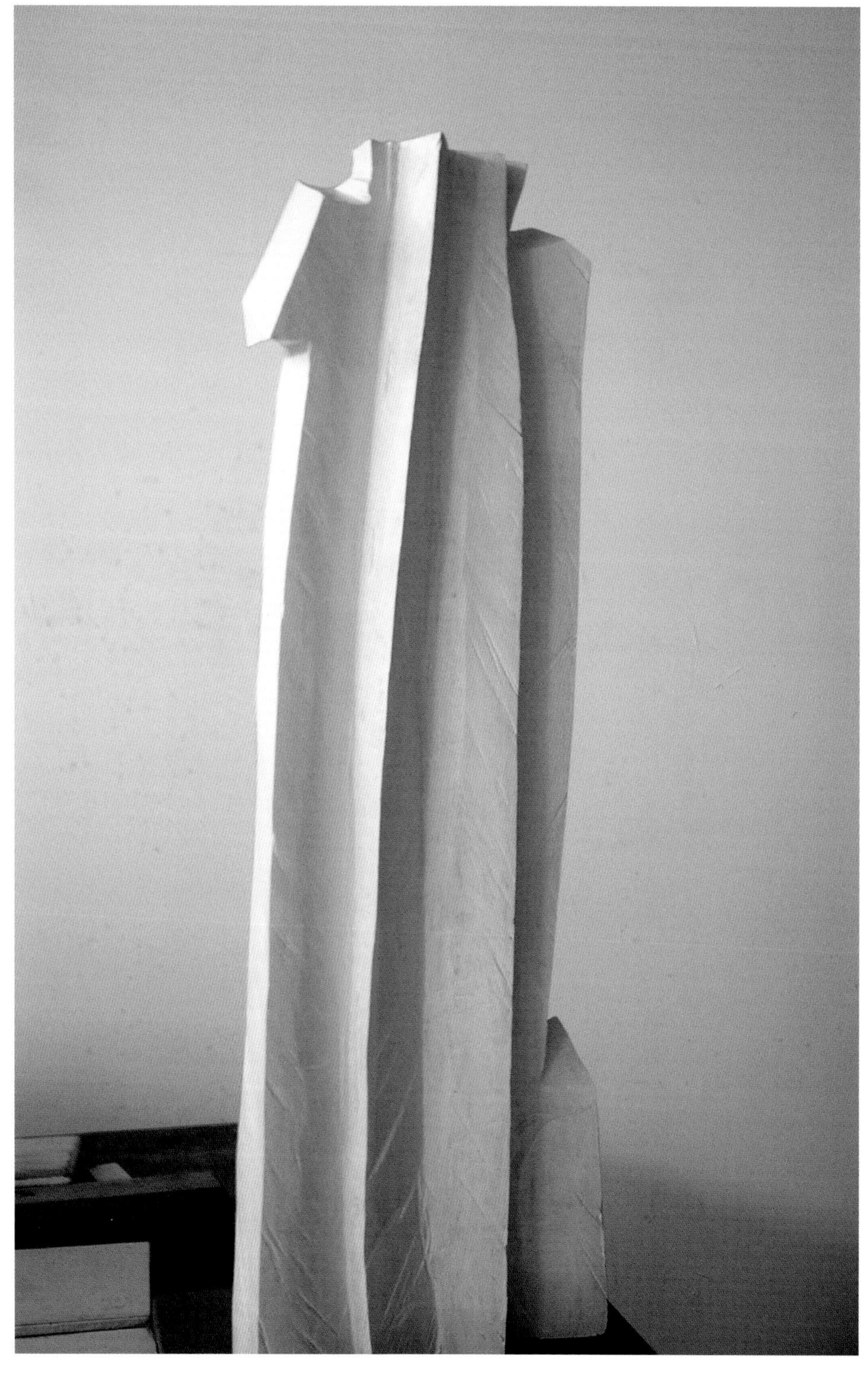

„Turm", Leimholz, 100 x 33 cm, 2009

"Tower", glued wood, 100 x 33 cm, 2009

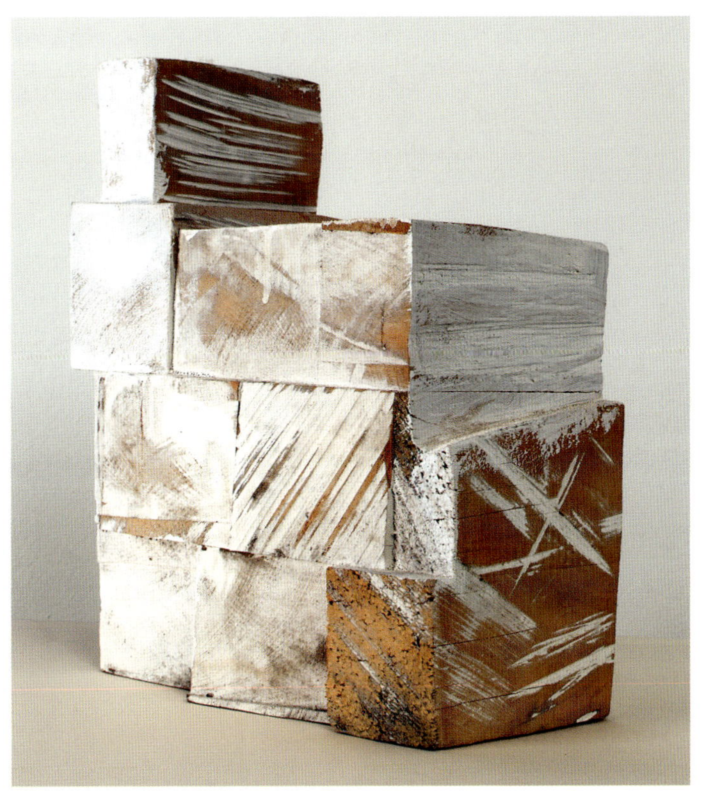

„Kopfgebäude“, Leimholz, 30 cm, 2013

"Head Structure", glued wood, 30 cm, 2013

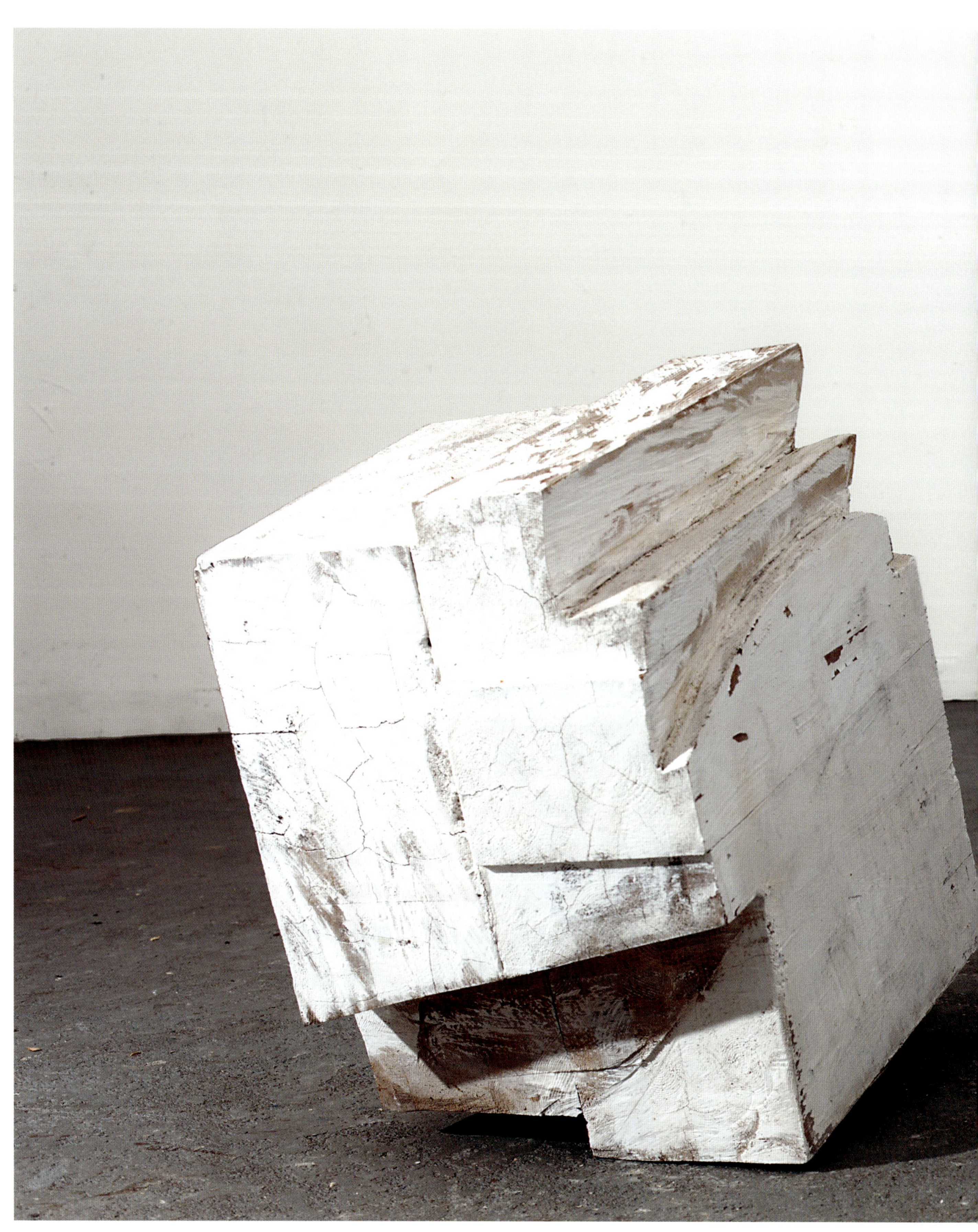

„Weißer Block", Leimholz, 60 x 55 cm, 2013

"White Block", glued wood, 60 x 55 cm, 2013

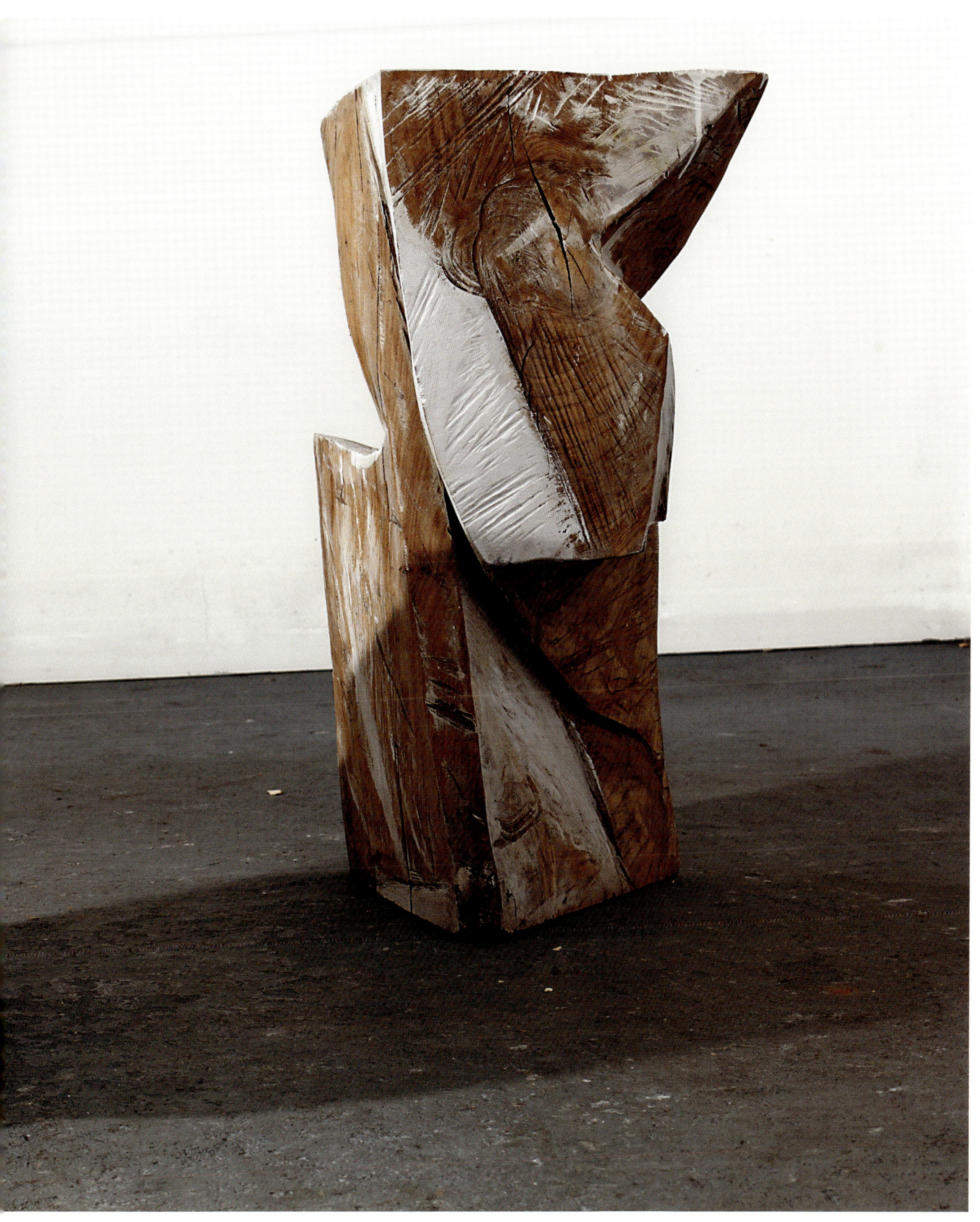

„Stütze", Ulme, 70 x 55 cm, 2004

"Prop", elm, 70 x 55 cm, 2004

Skulpturoide
Sculpturoids

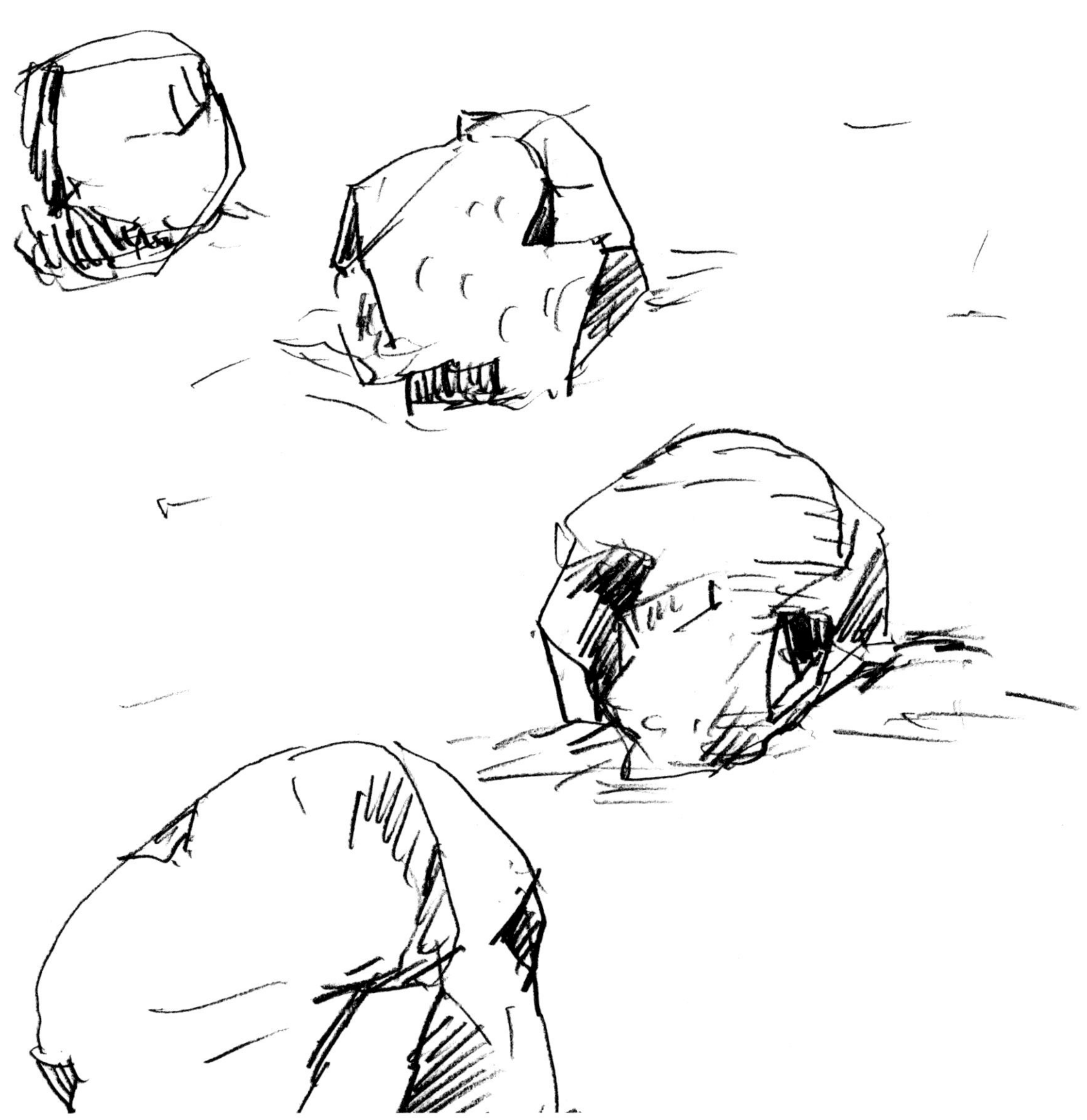

Bei „Skulpturoide" handelt es sich um ein Kunstwort aus „Skulptur" und „Asteroid".
„Skulpturoide" markieren Orte und beschreiben deren Relation zum Raum.

The term "sculpturoid" is a coinage out of the words "sculpture" and "asteroid".
"Sculpturoids" mark places and describe their relationship to space.

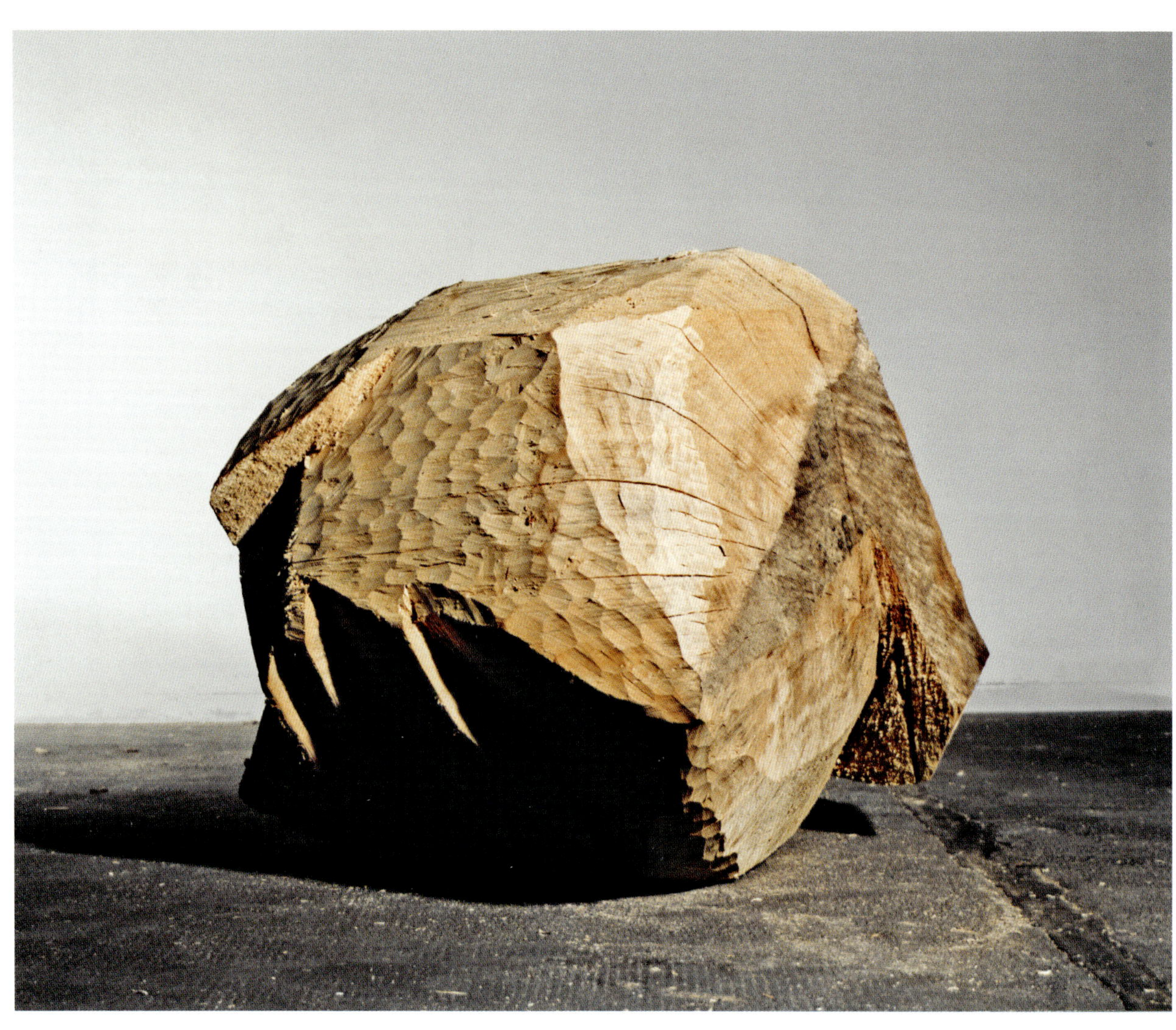

Skulpturoid, Pappel, jeweils 100 x 100 cm, 1992

Sculpturoid, poplar, 100 x 100 cm each, 1992

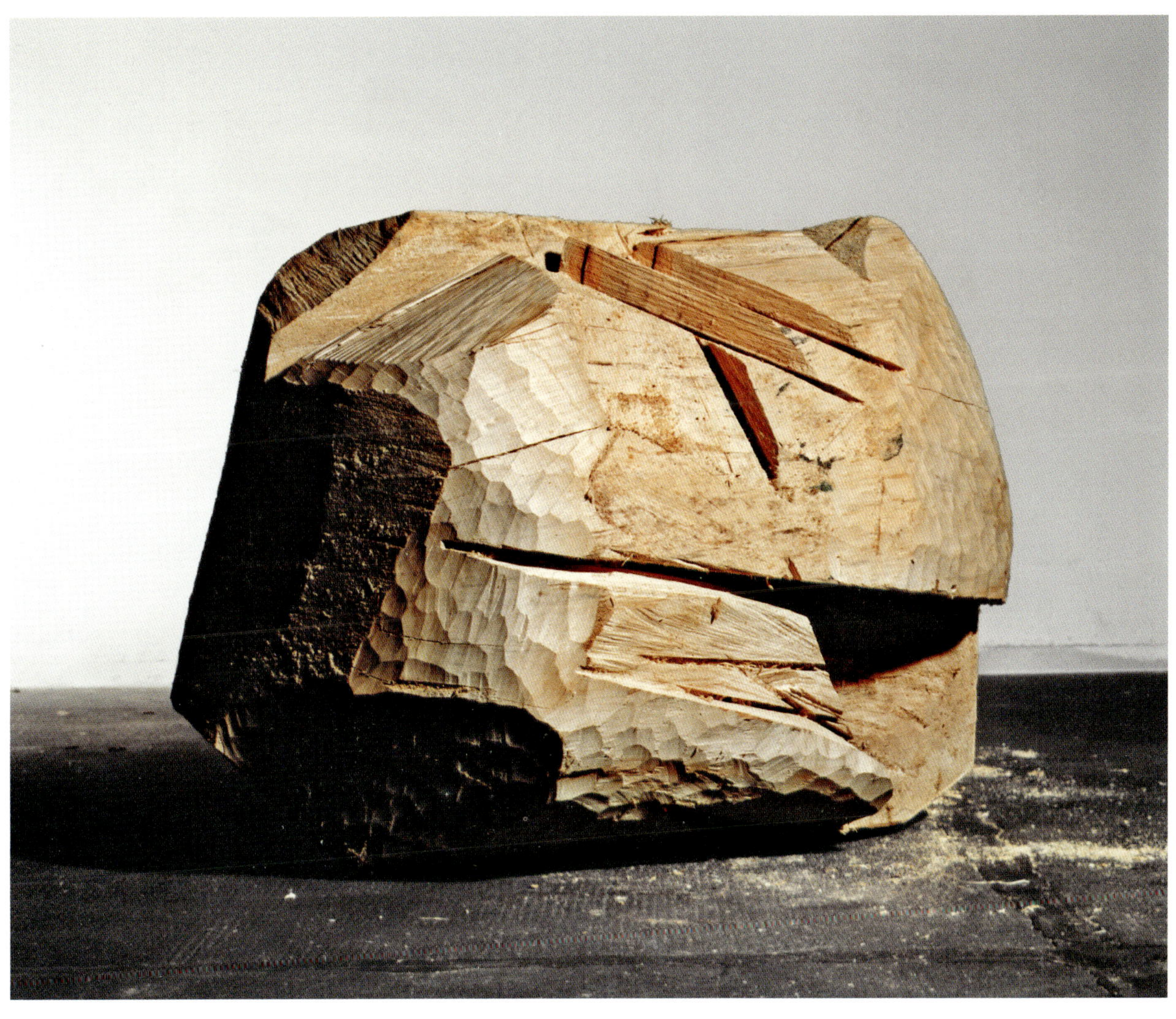

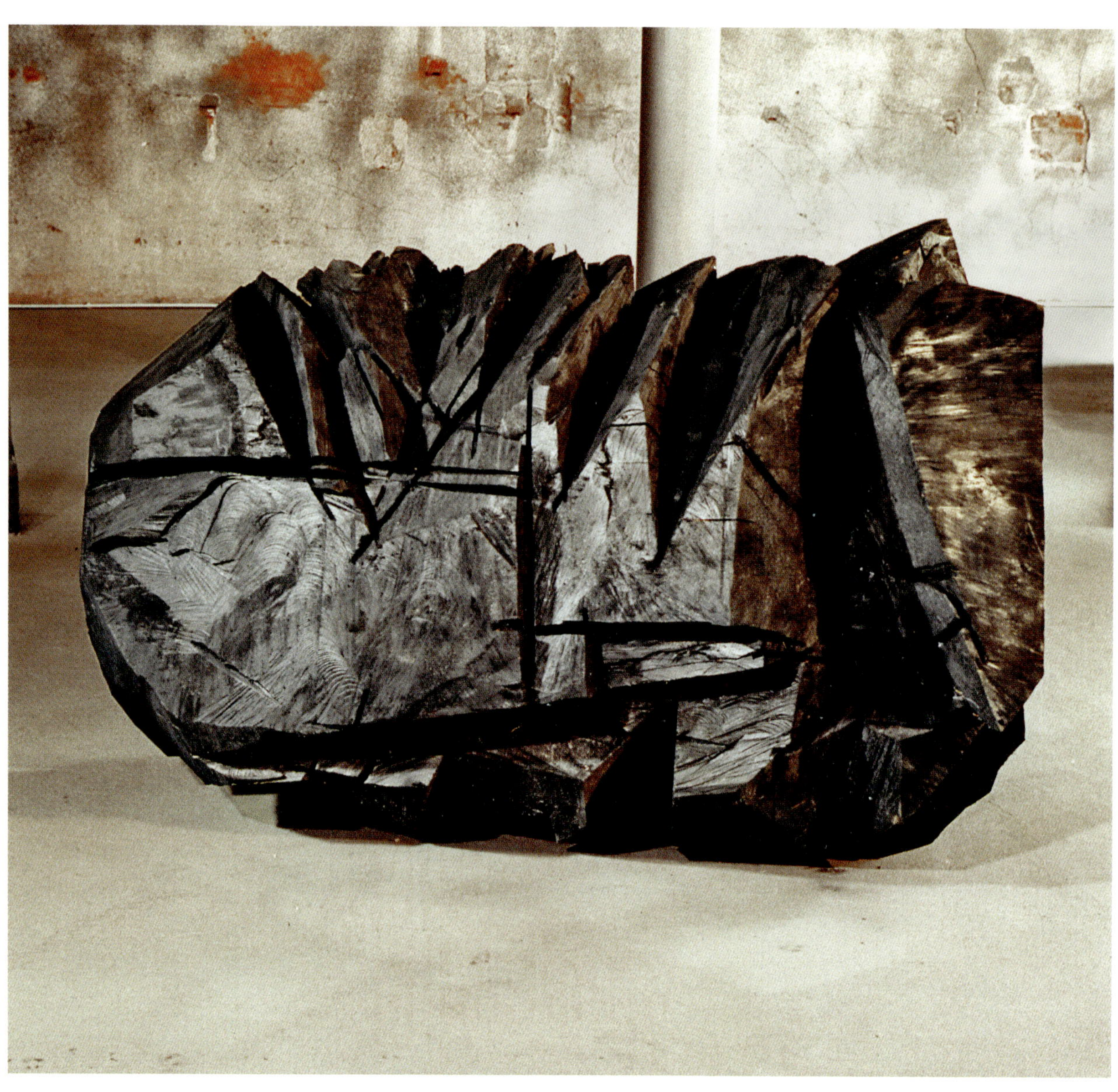

Skulpturoid, Holz, 150 x 120 cm, Städtische Galerie Bremen, 1993

Sculpturoid, wood, 150 x 120 cm, Städtische Galerie Bremen, 1993

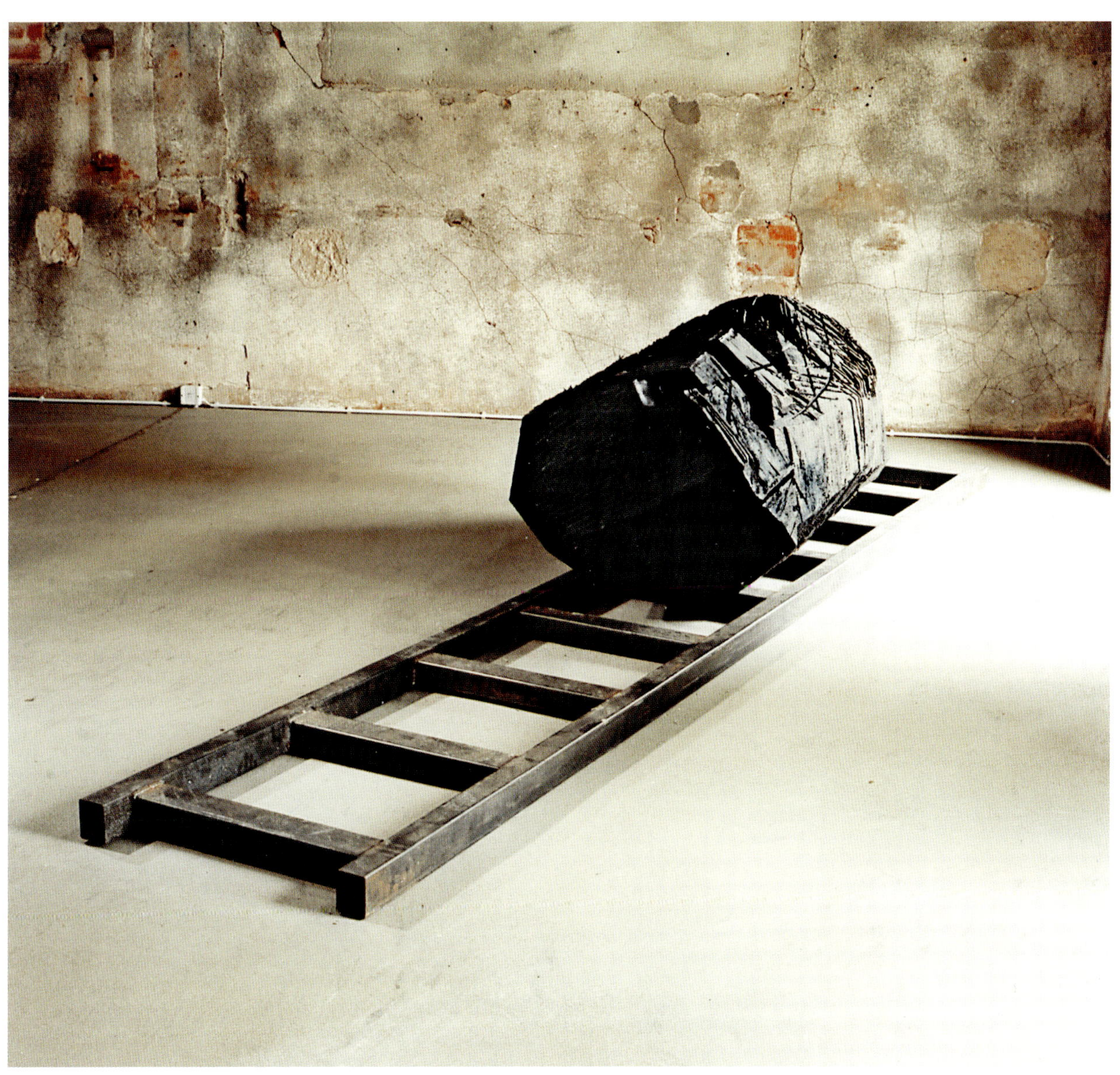

Skulpturoid mit Leiter, Holz und Eisen, 80 x 250 cm, Städtische Galerie Bremen, 1993
Sculpturoid with ladder, wood and iron, 80 x 250 cm, Städtische Galerie Bremen, 1993

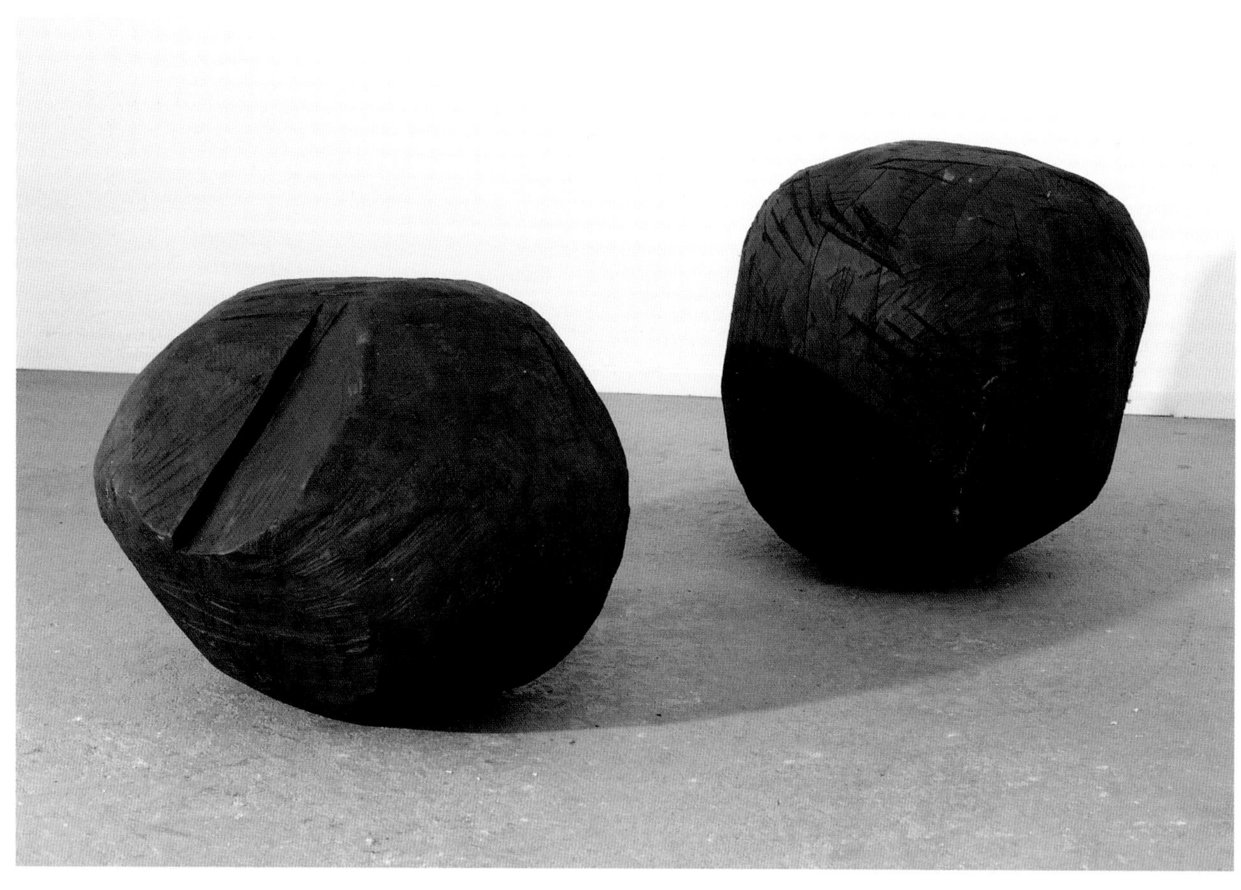

Skulpturoide, Holz, jeweils 80 x 60 cm, 1996
Sculpturoids, wood, 80 x 60 cm each, 1996

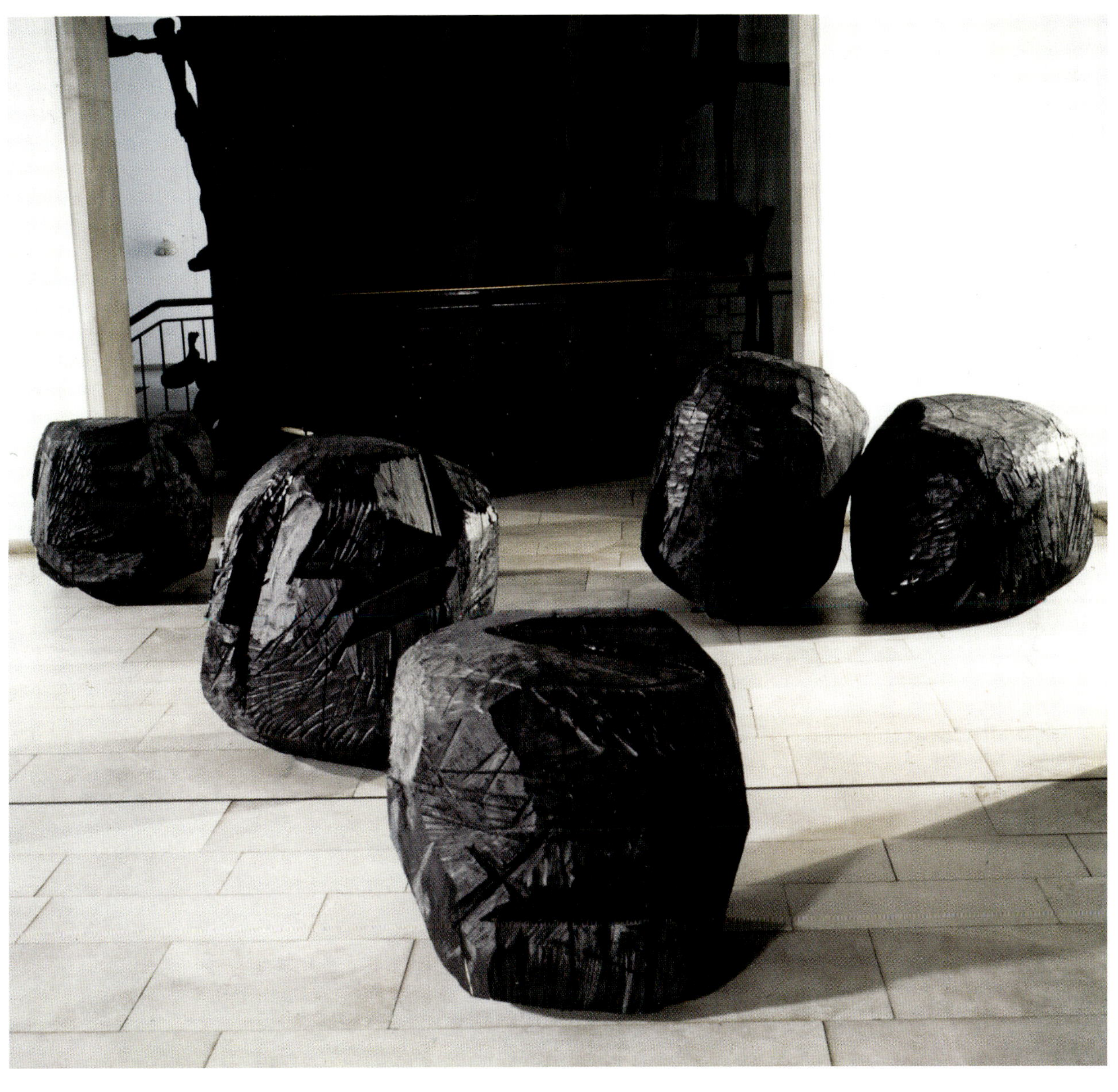

„Schwarze Planeten", Holz, jeweils 110 cm, Gerhard-Marcks-Haus, Bremen, 1999
"Black Planets", wood, 110 cm each, Gerhard-Marcks-Haus, Bremen, 1999

Skulpturen
Sculptures

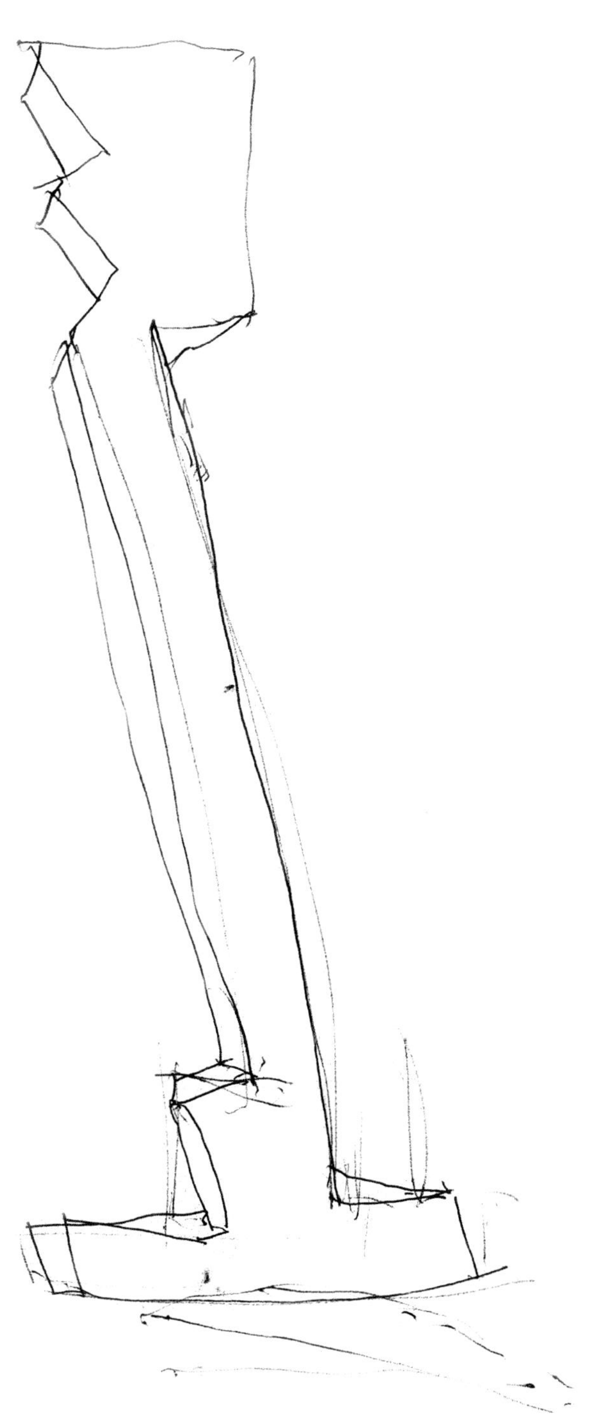

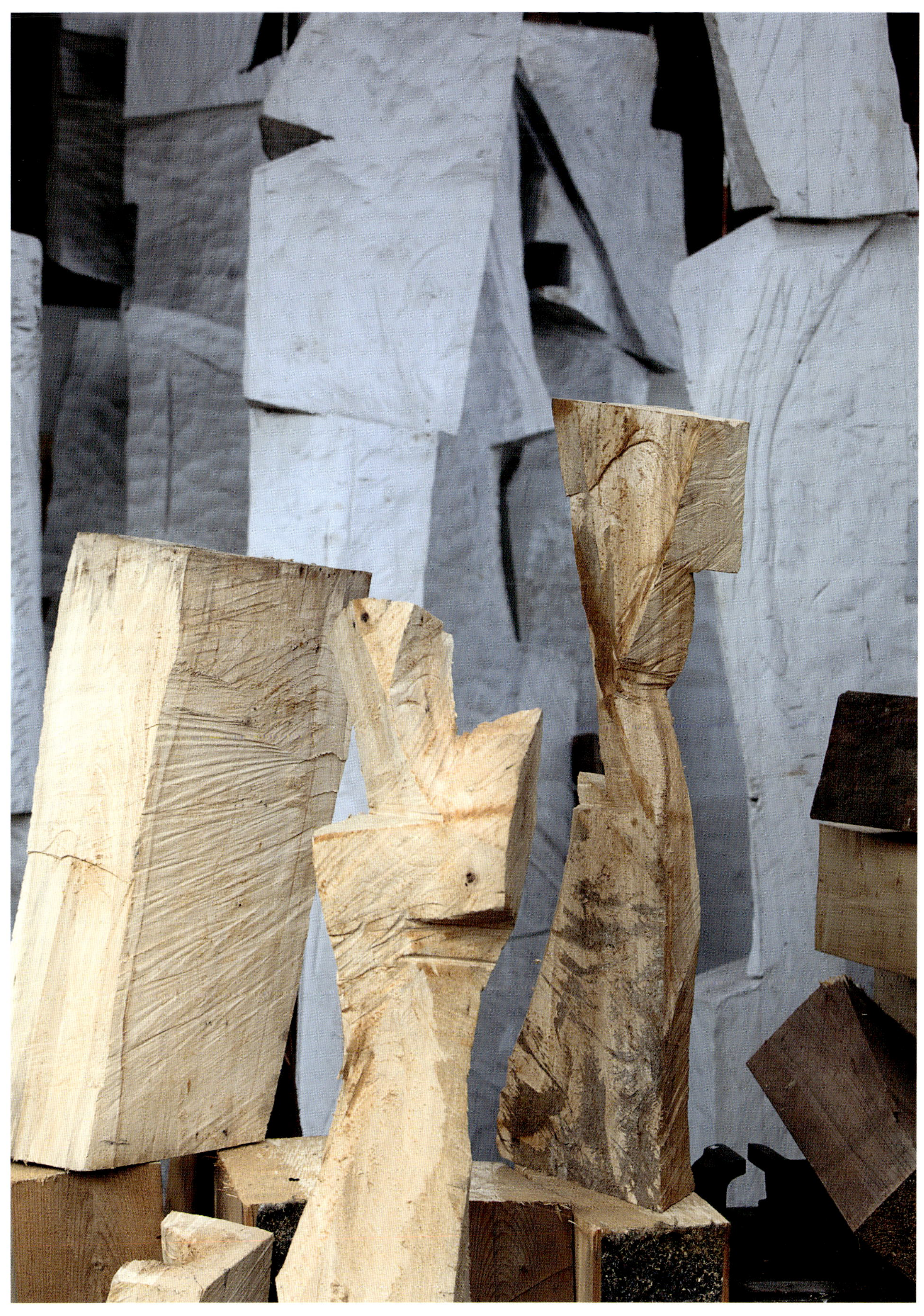

Atelier in der Sperberstraße, Bremen, 2013
Studio in Sperberstraße, Bremen, 2013

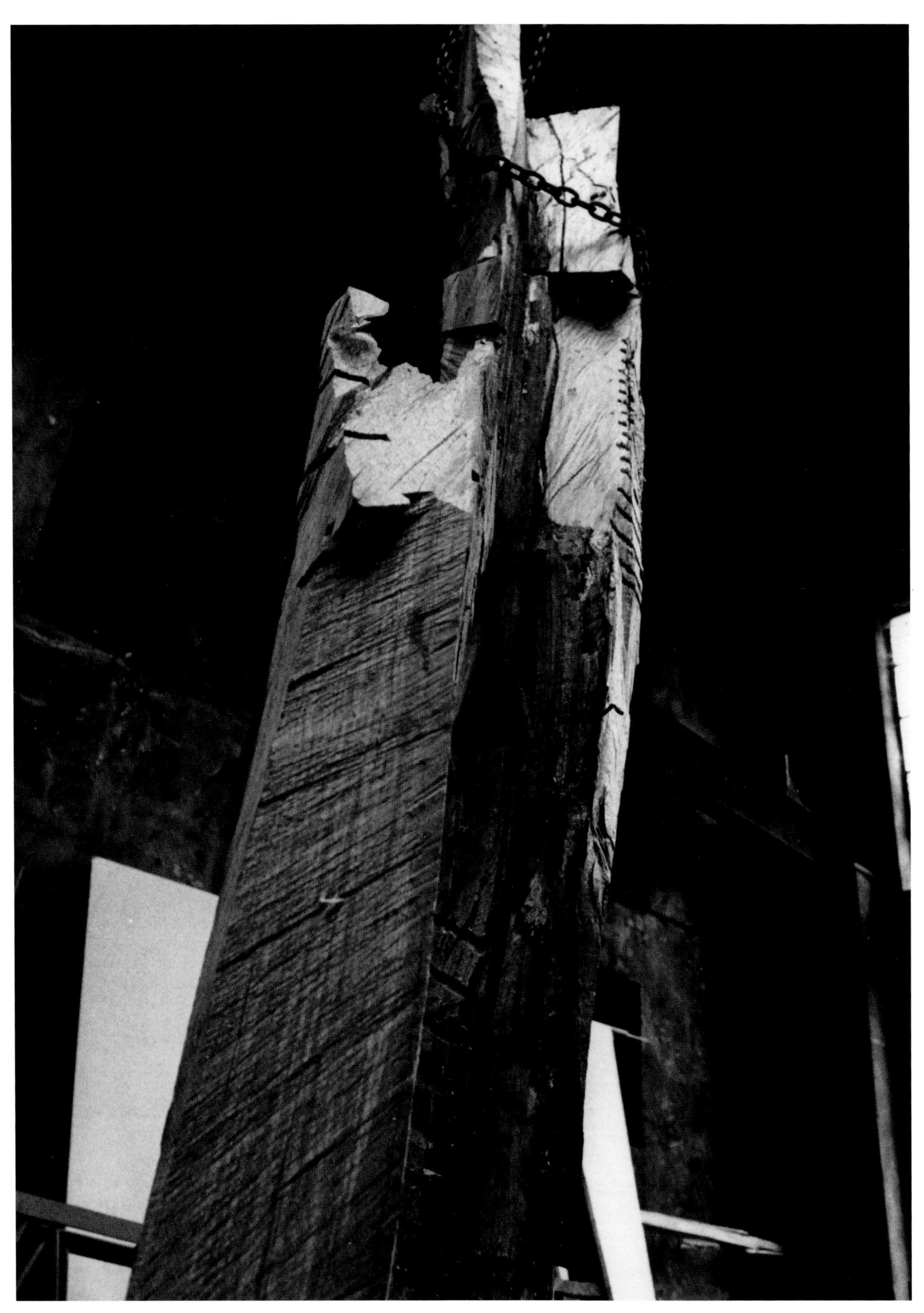

Installation, Atelier, Gießereihalle Bremen, 1987

Installation, studio, Gießereihalle Bremen, 1987

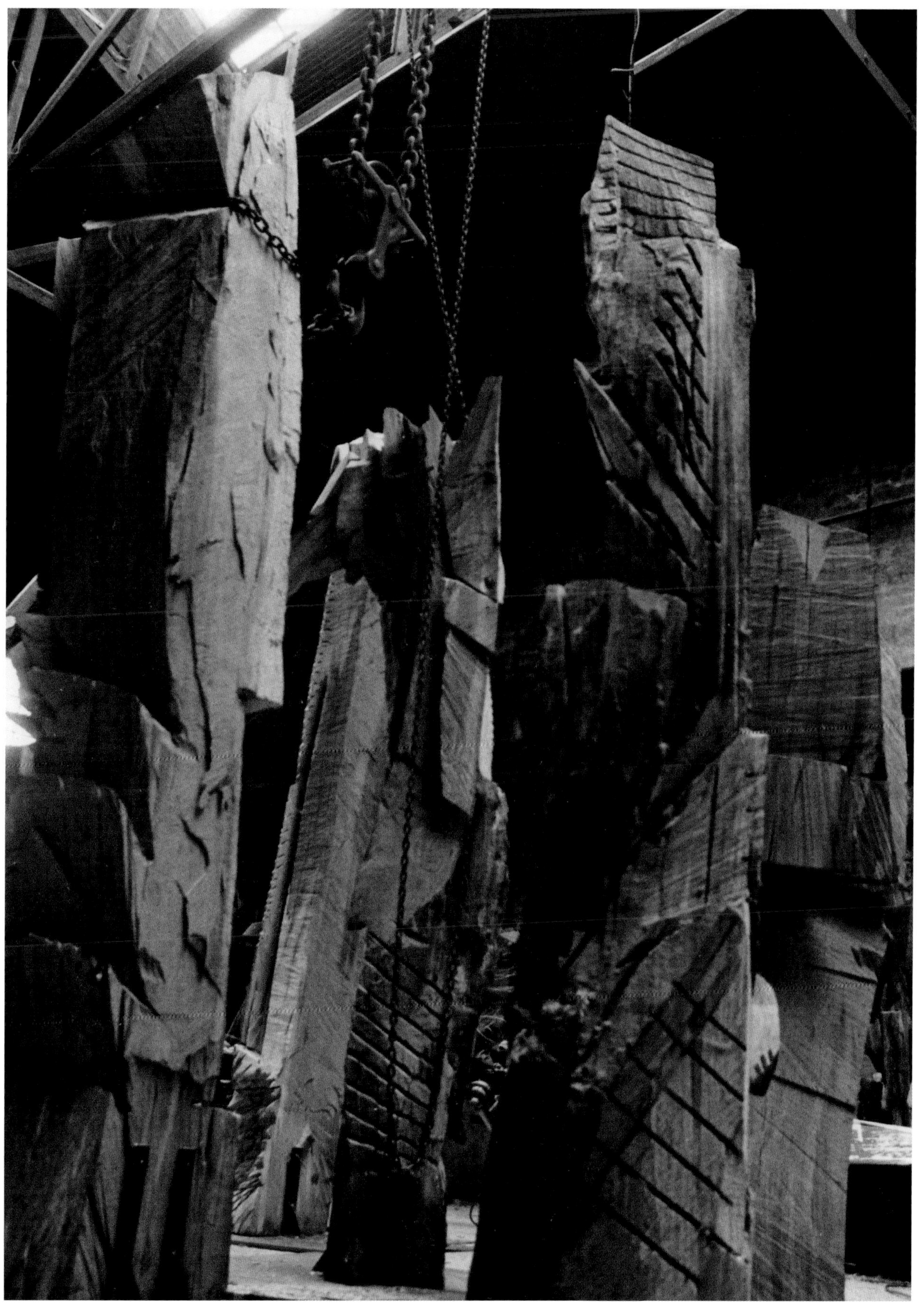

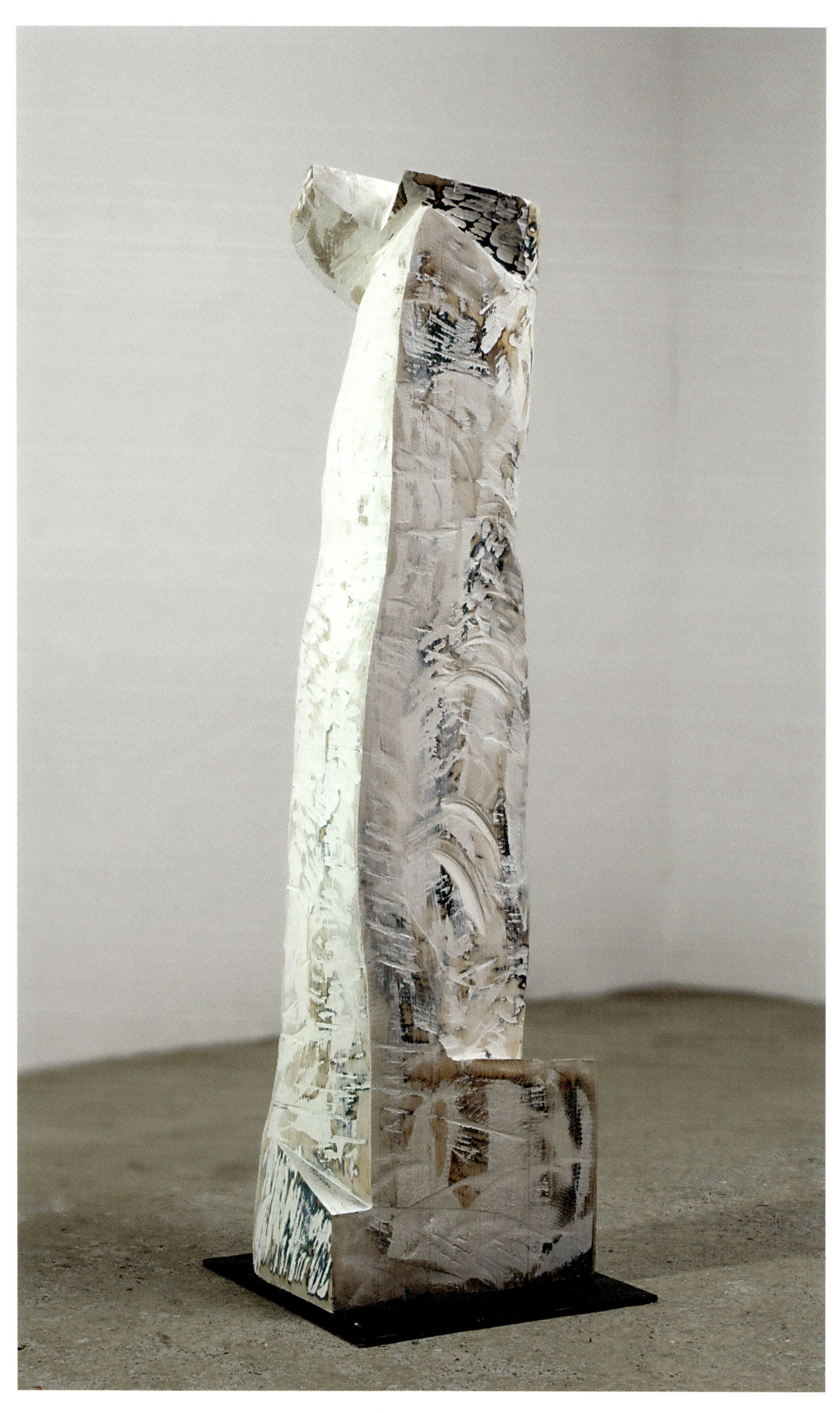

„Zwei Figuren", Linde, Höhe jeweils 160 cm, 2007

"Two Figures", lime, height 160 cm each, 2007

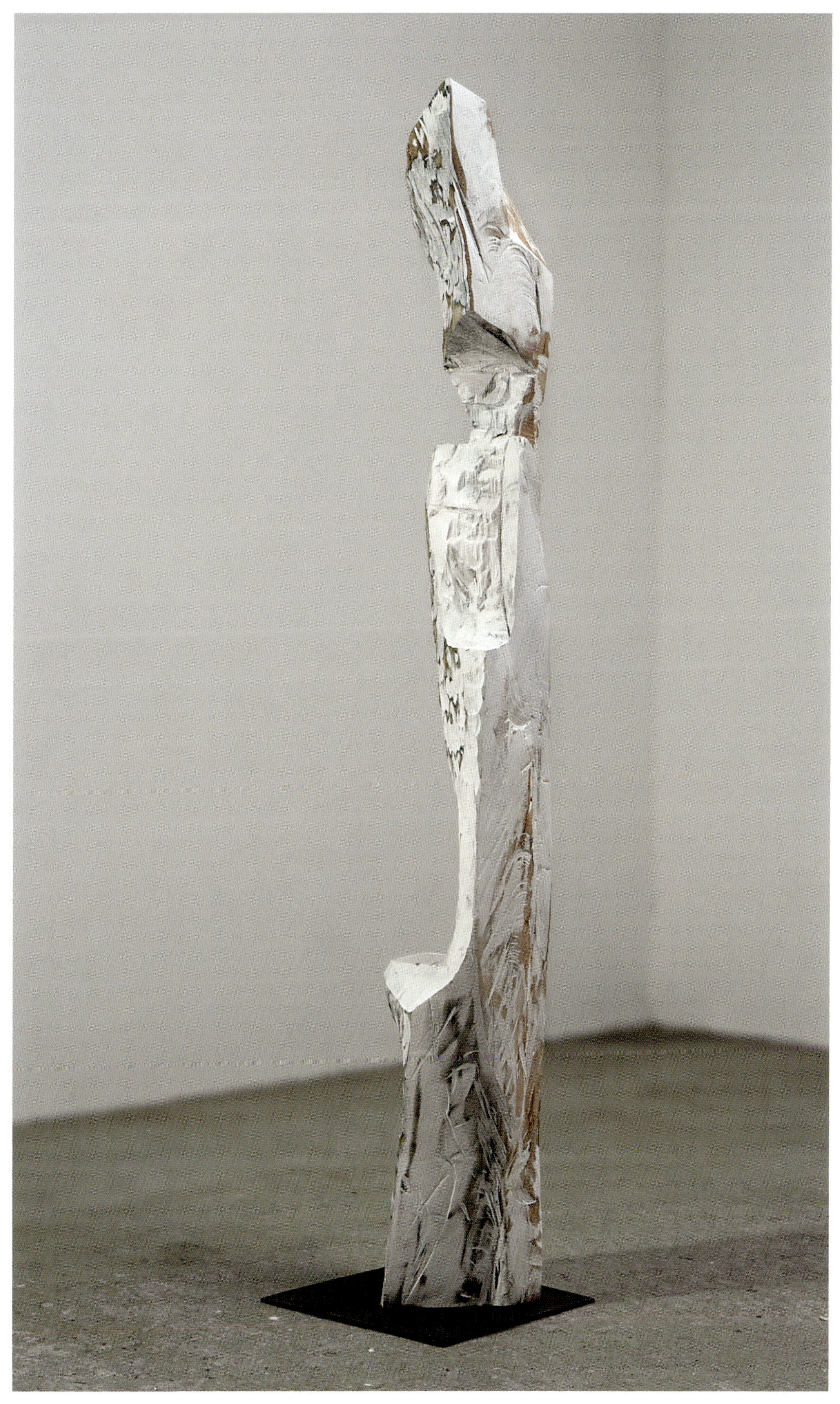

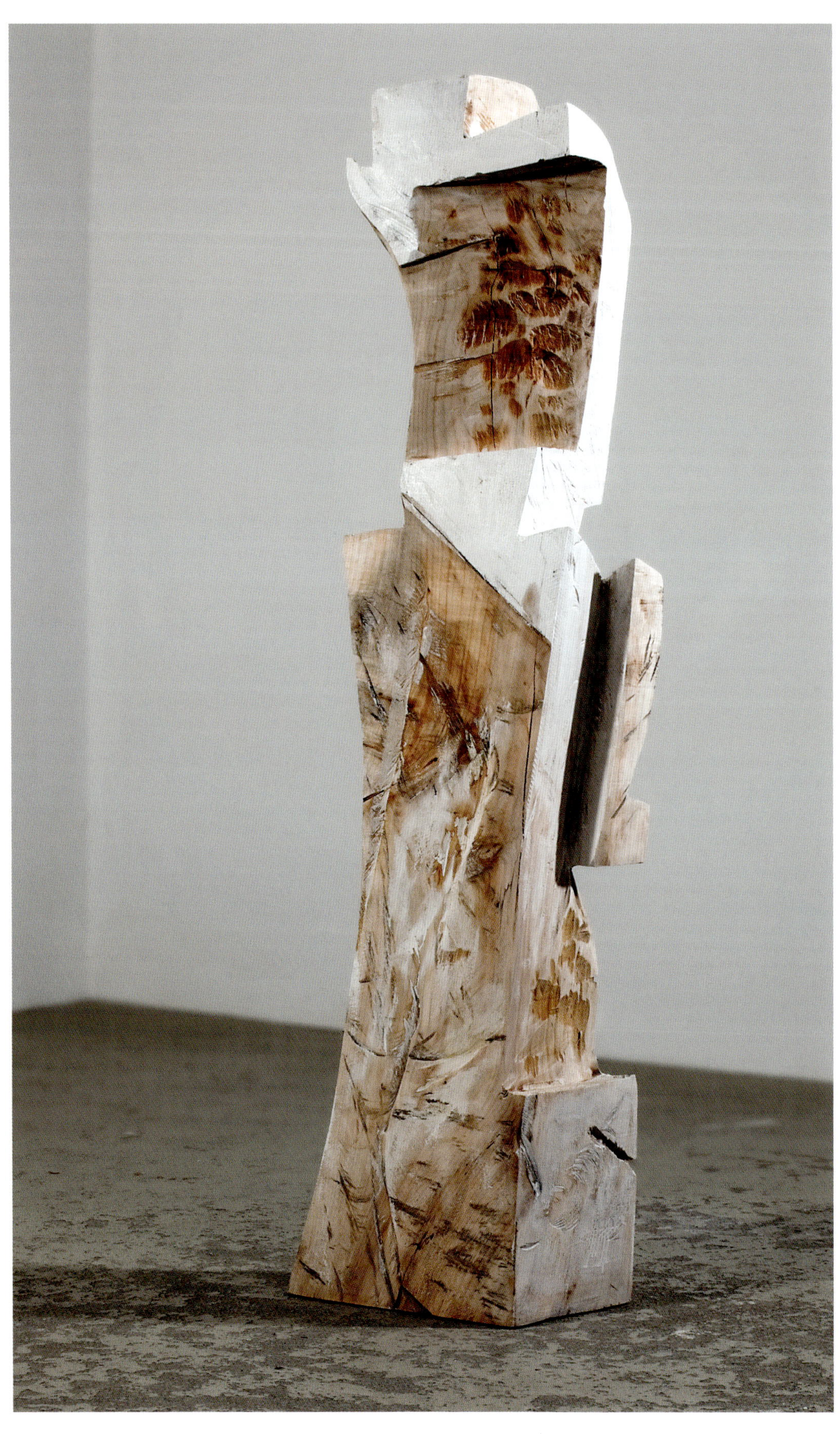

„Zwei Säulen", Ahorn, Höhe jeweils 120 cm, 2010

"Two Columns", maple, height 120 cm each, 2010

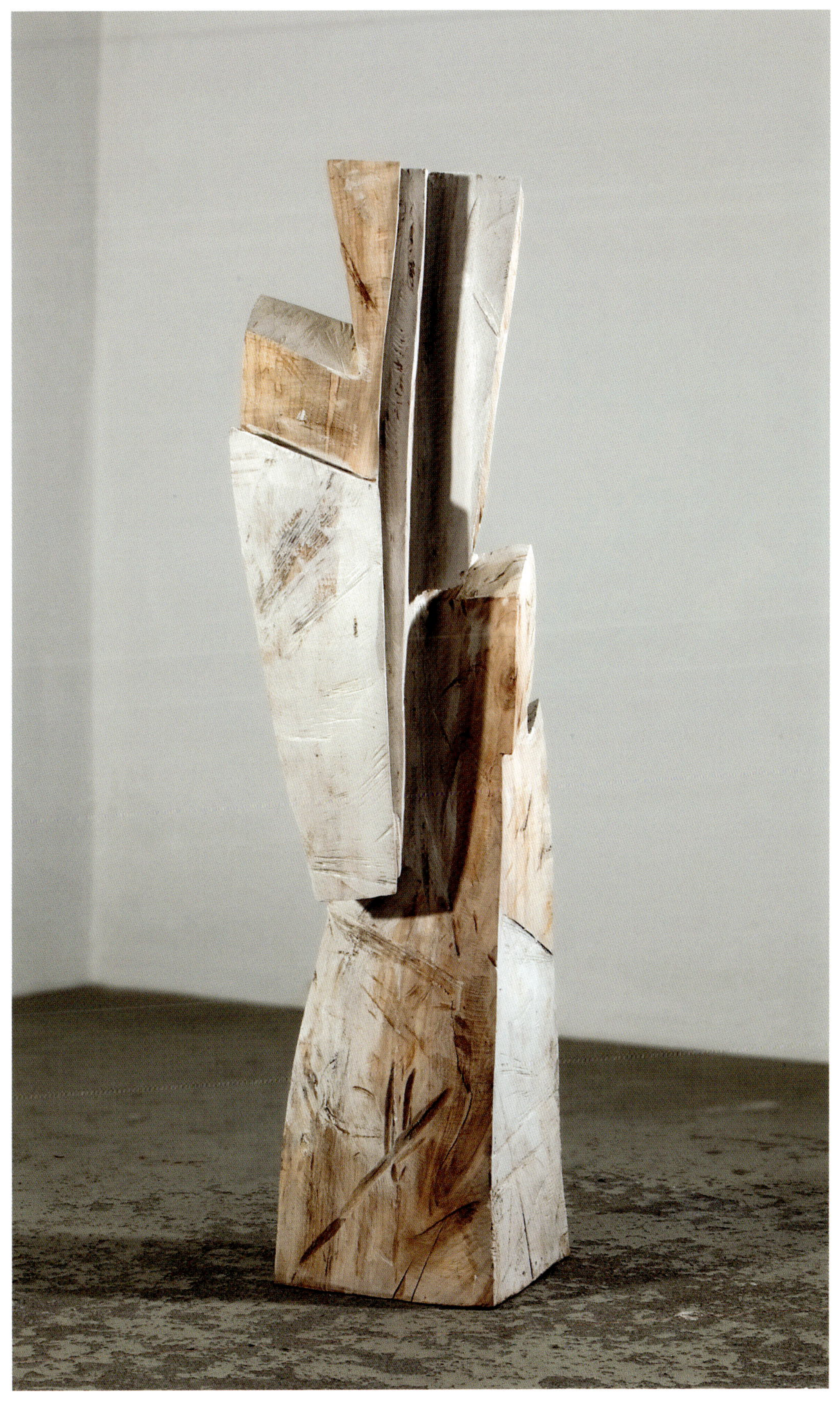

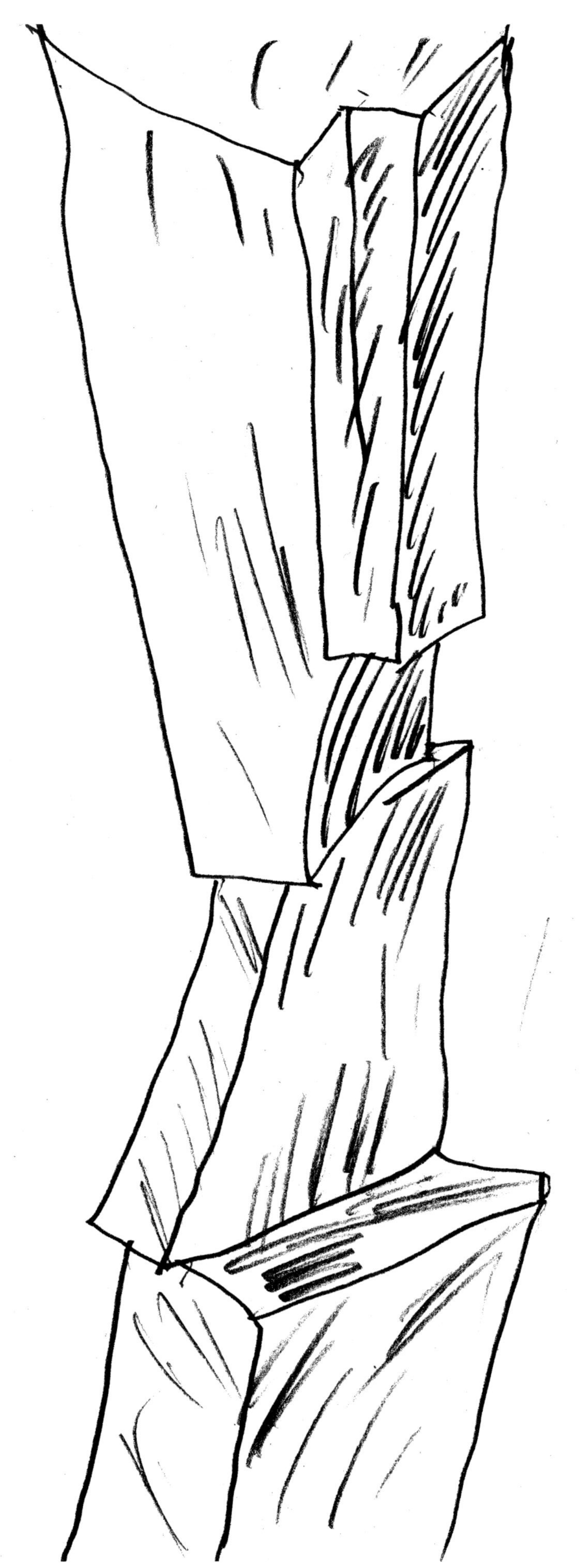

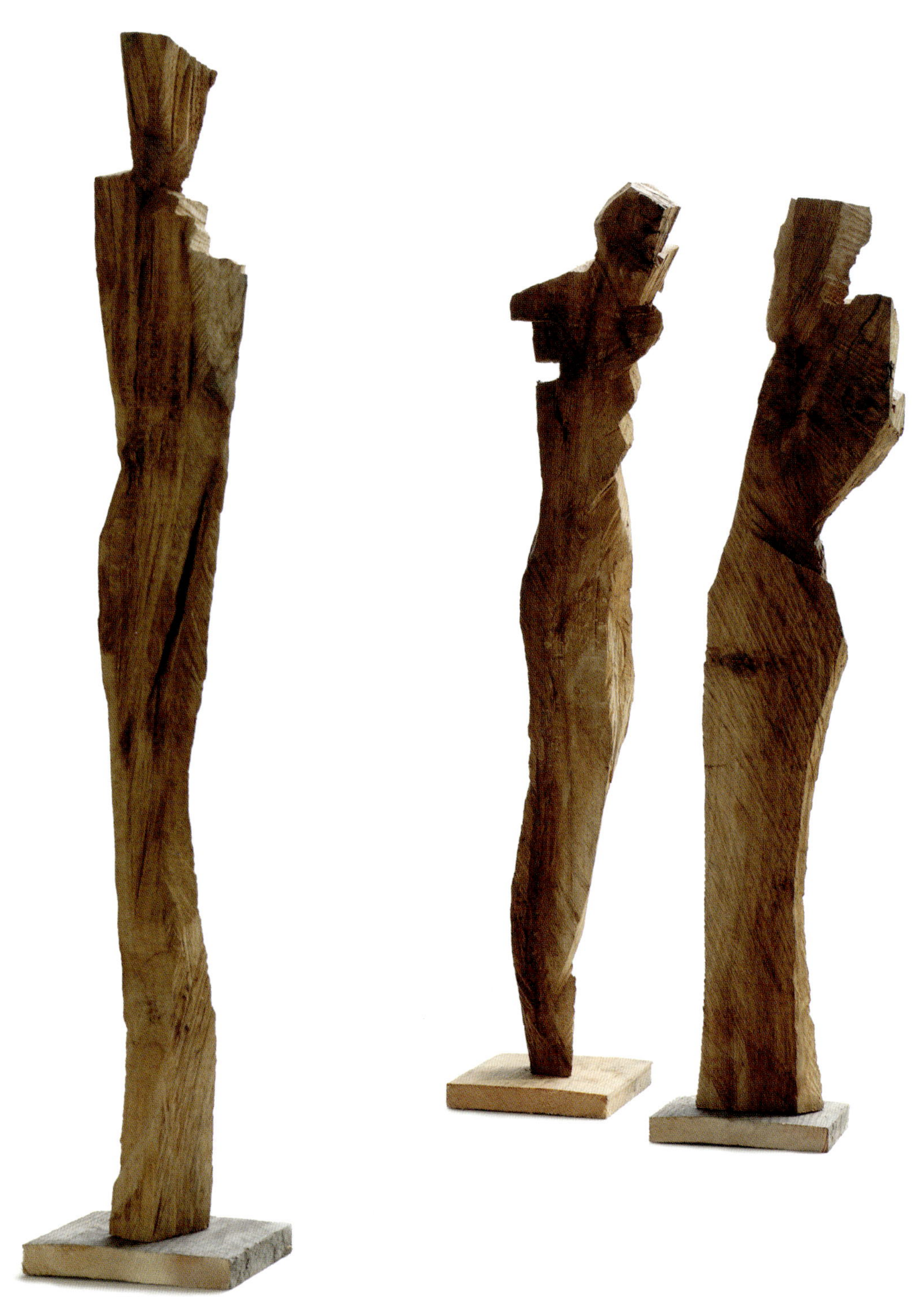

„Wandergestalt des Gefühls", Eiche, Höhe jeweils 80 cm, 2010

"Walking Figure of Feeling", oak, height 80 cm each, 2010

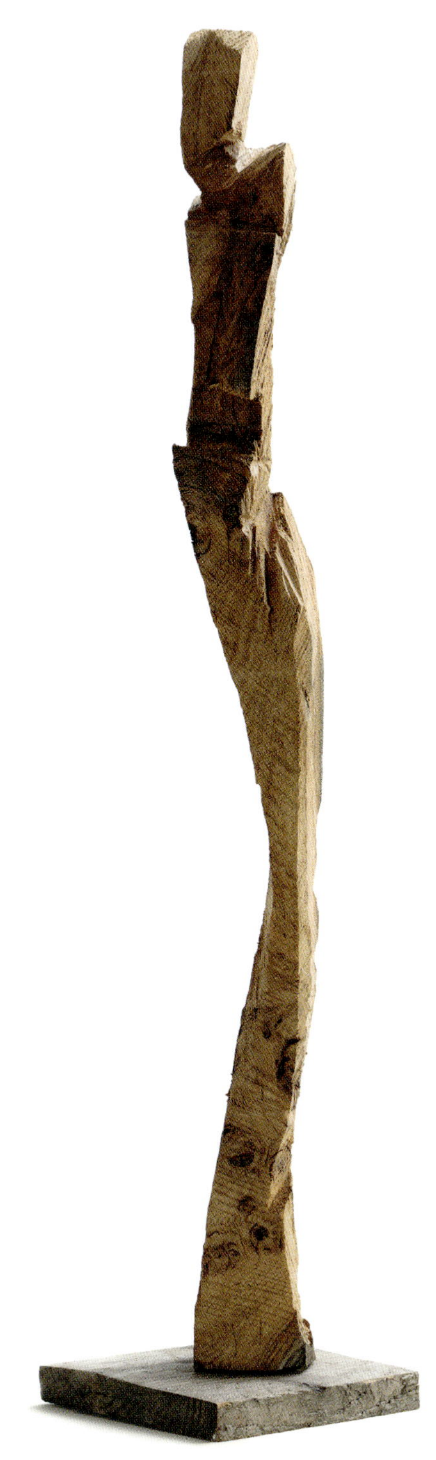

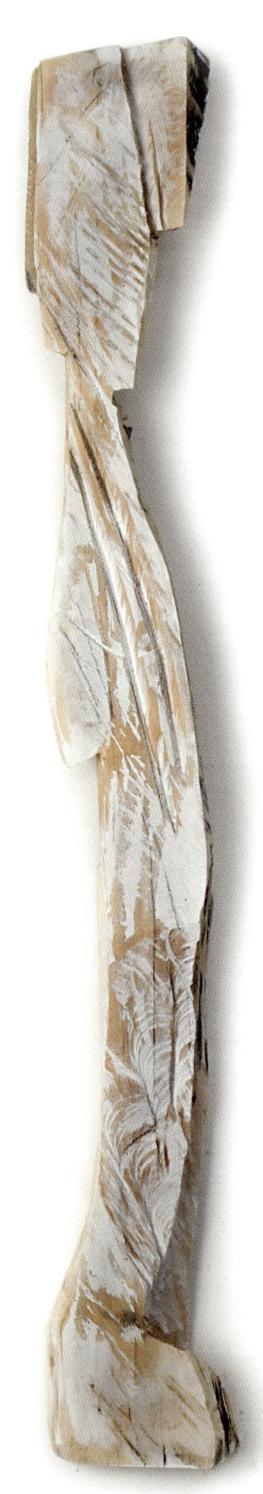

„Wandobjekte", Linde, Höhe jeweils 80 cm, 2006

"Wall Objects", lime, height 80 cm each, 2006

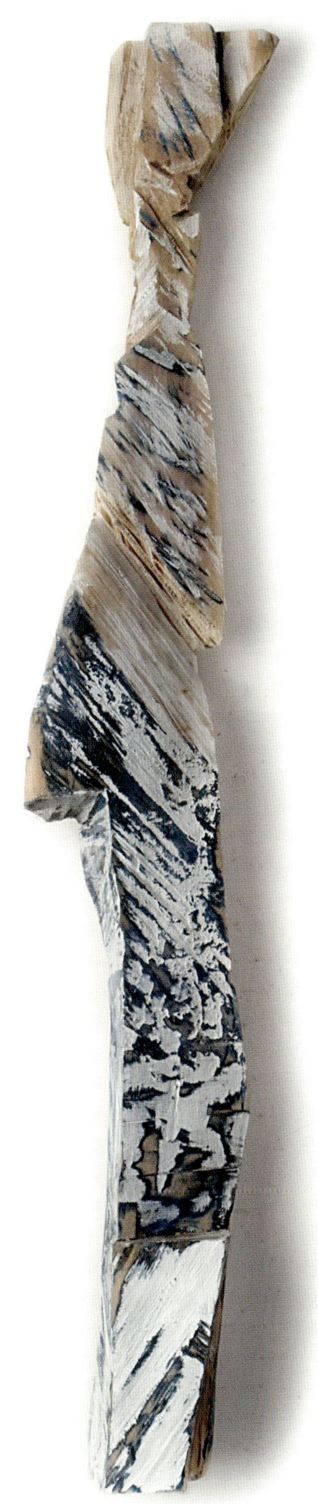

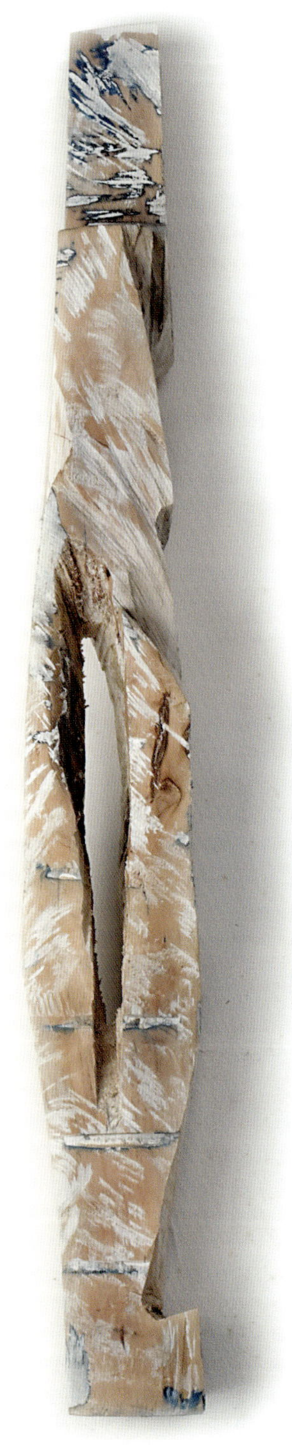

„Wandobjekte", Linde, Höhe jeweils 80 cm, 2006

"Wall Objects", lime, height 80 cm each, 2006

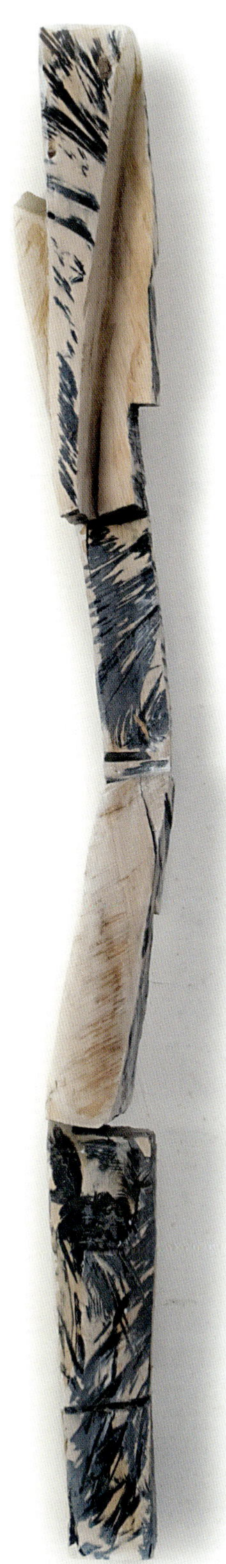

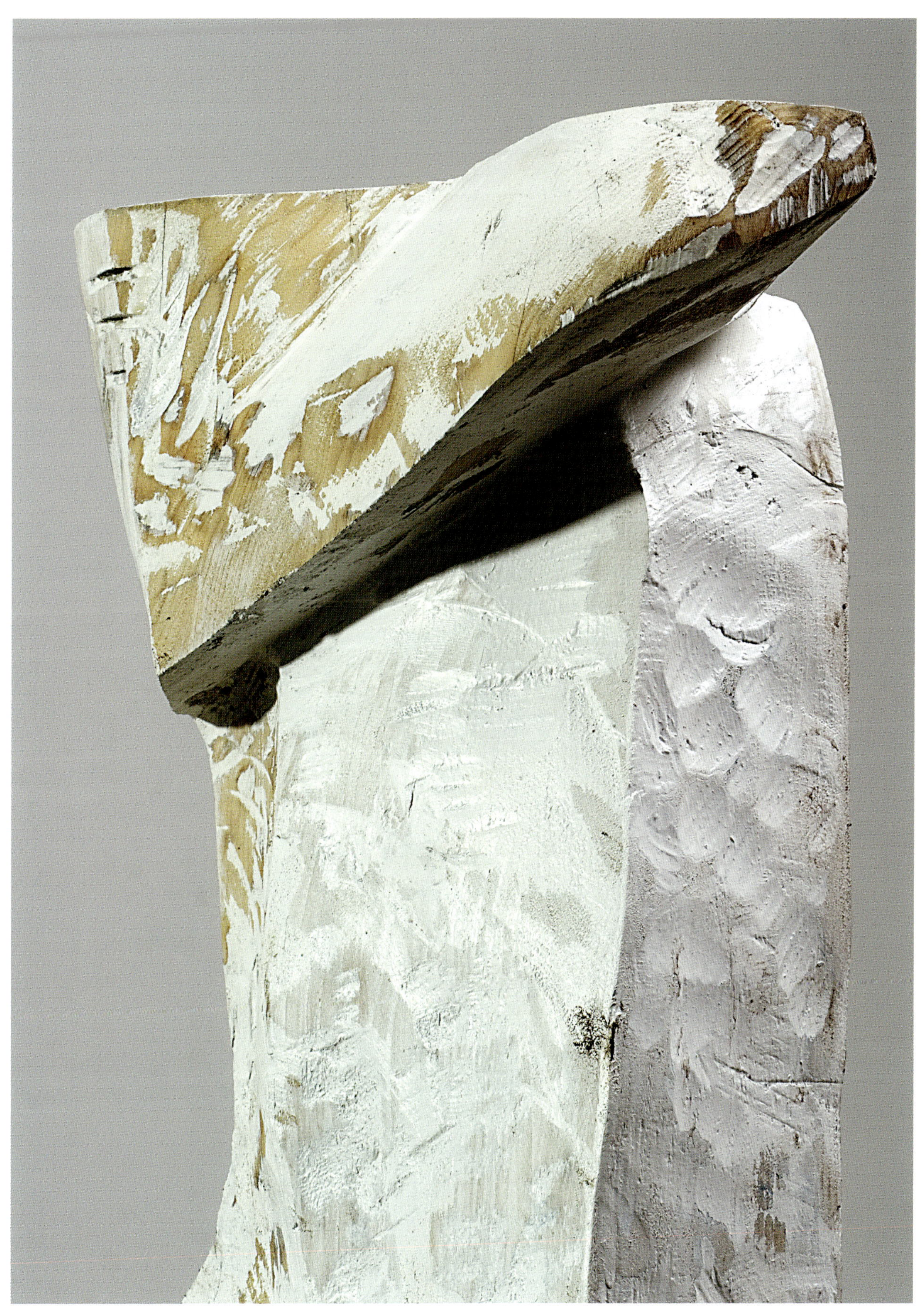

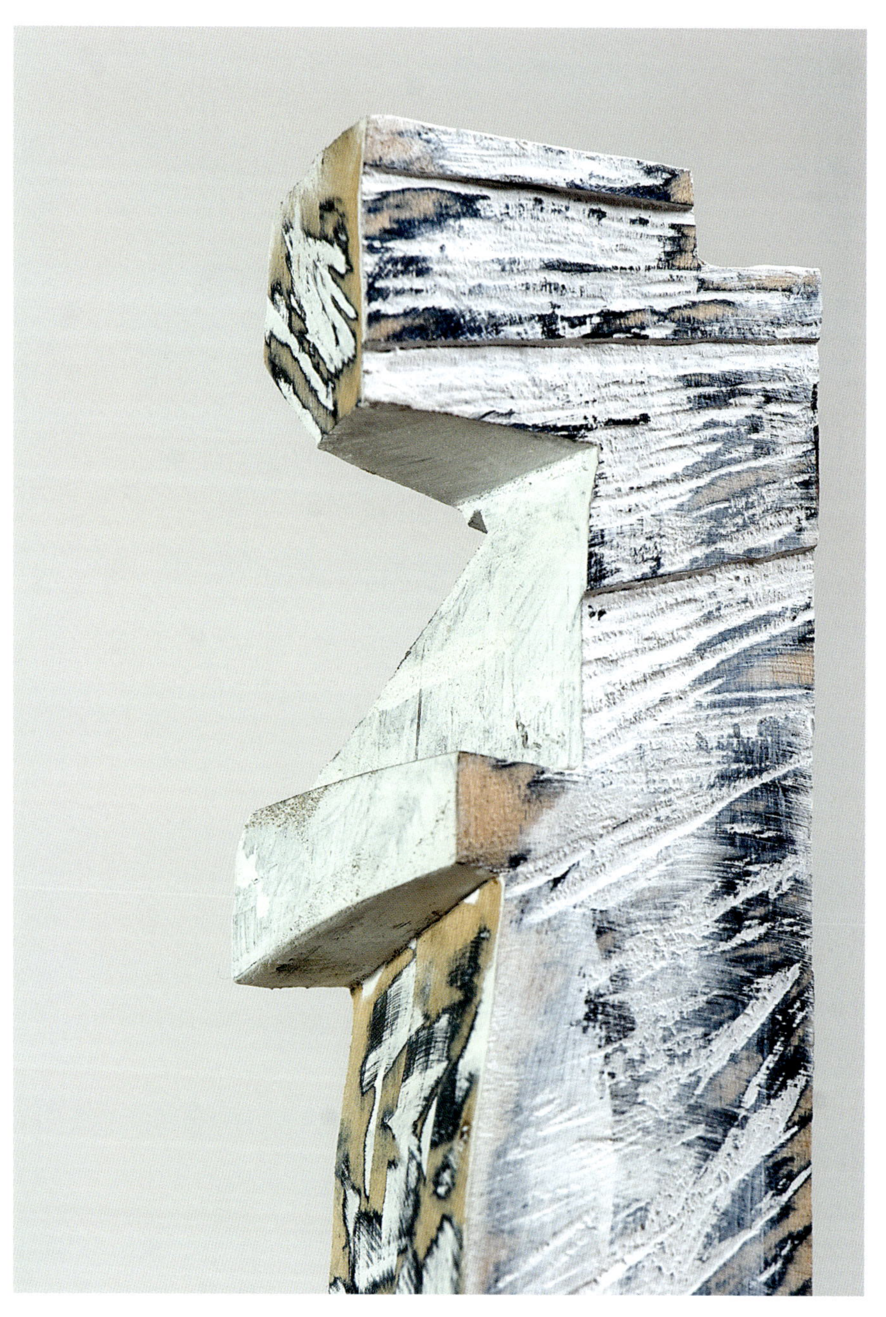

Skulpturenausschnitt

Sculpture detail

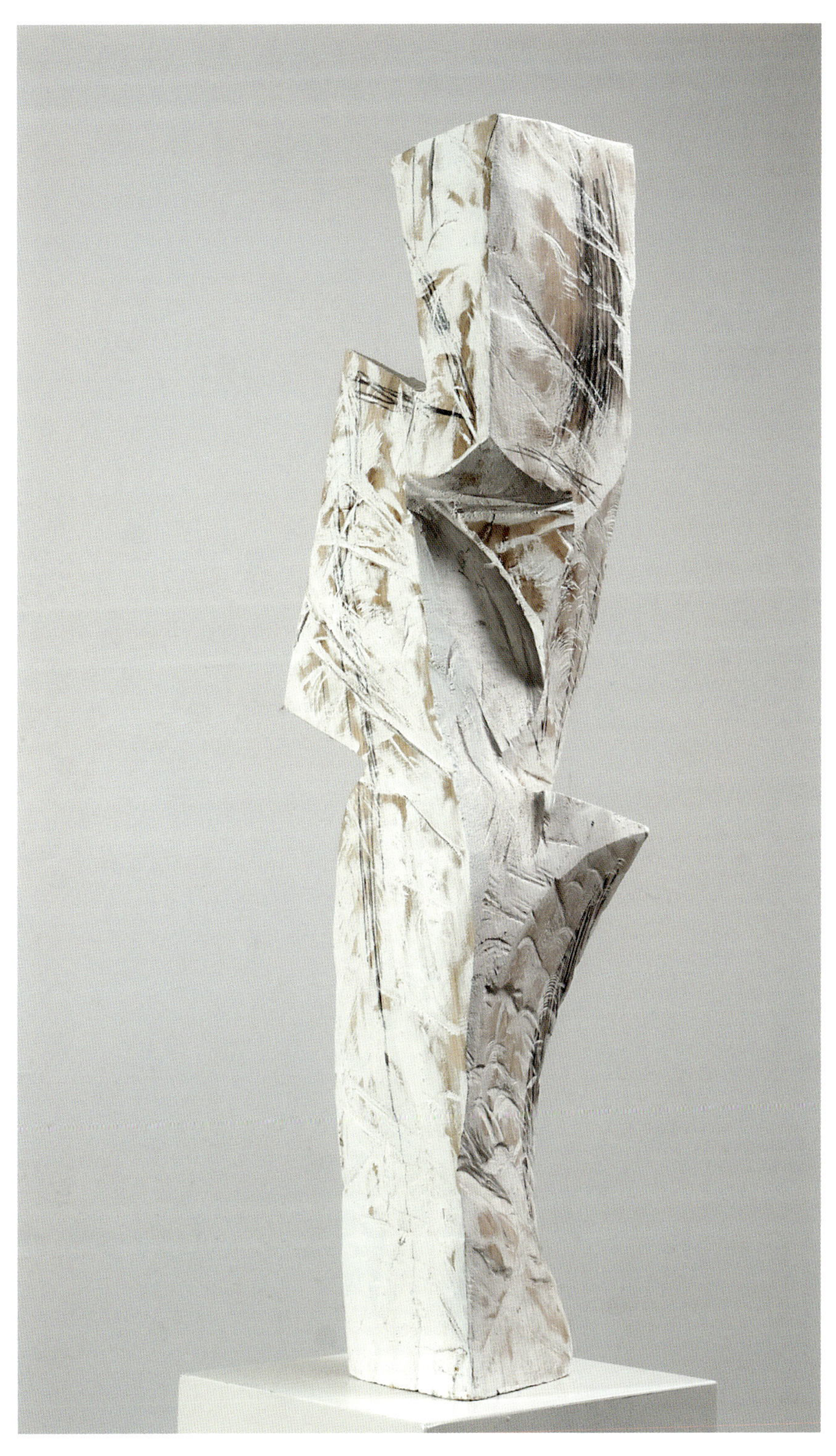

„Drei Figuren", Linde, Höhe jeweils 110 cm, 2007
"Three Figures", lime, height 110 cm each, 2007

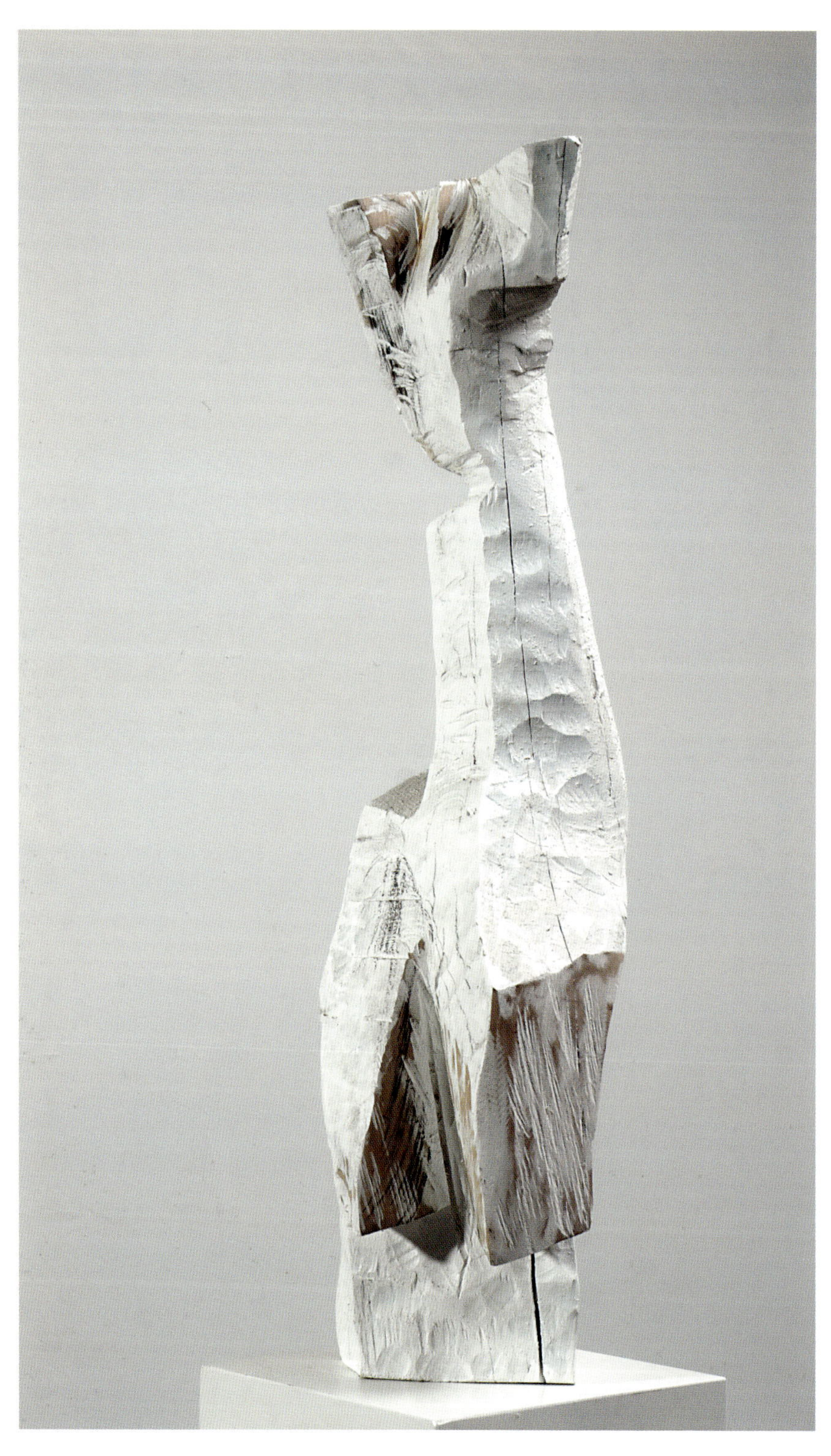

„Drei Figuren", Linde, Höhe jeweils 110 cm, 2007
"Three Figures", lime, height 110 cm each, 2007

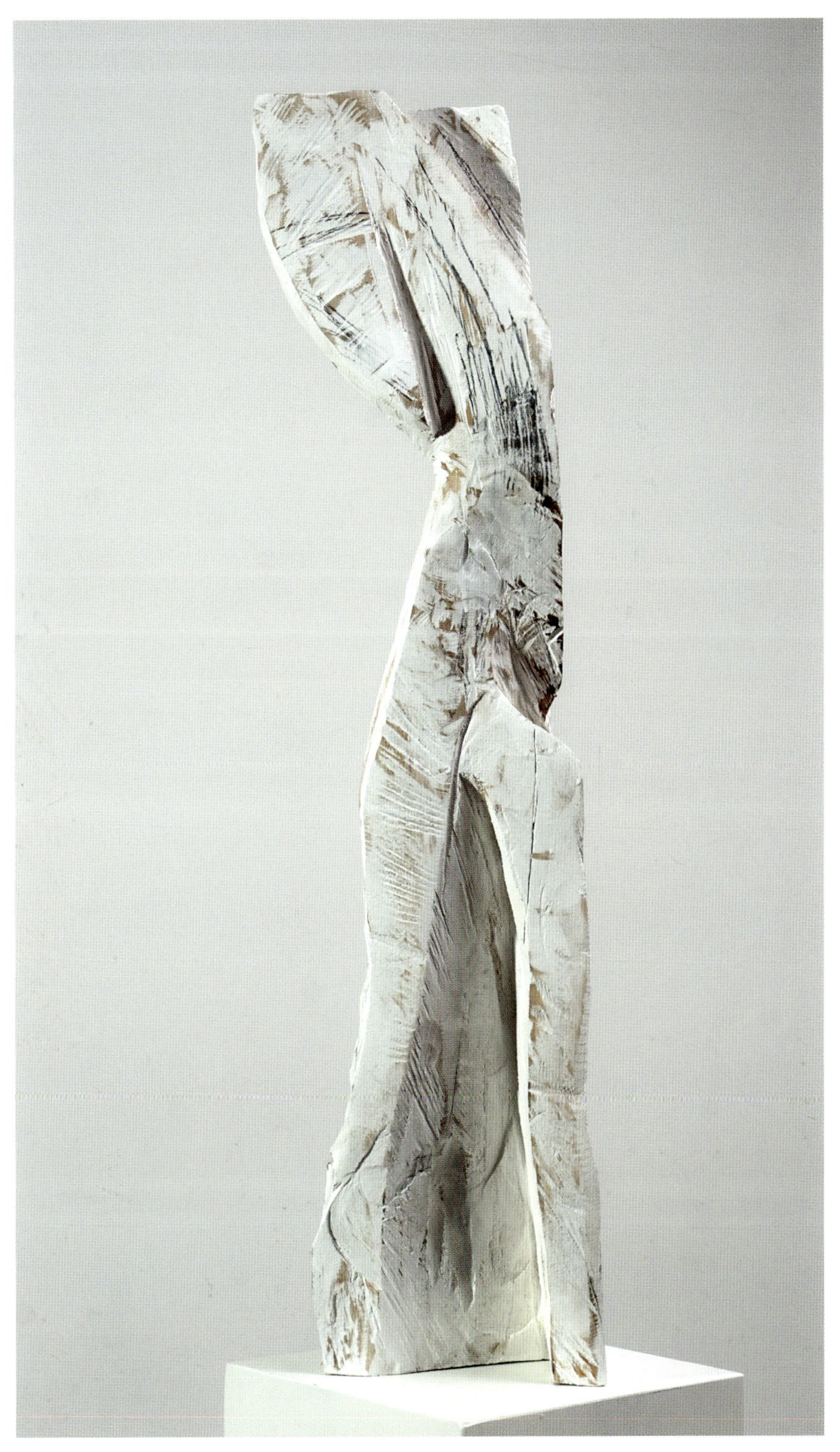

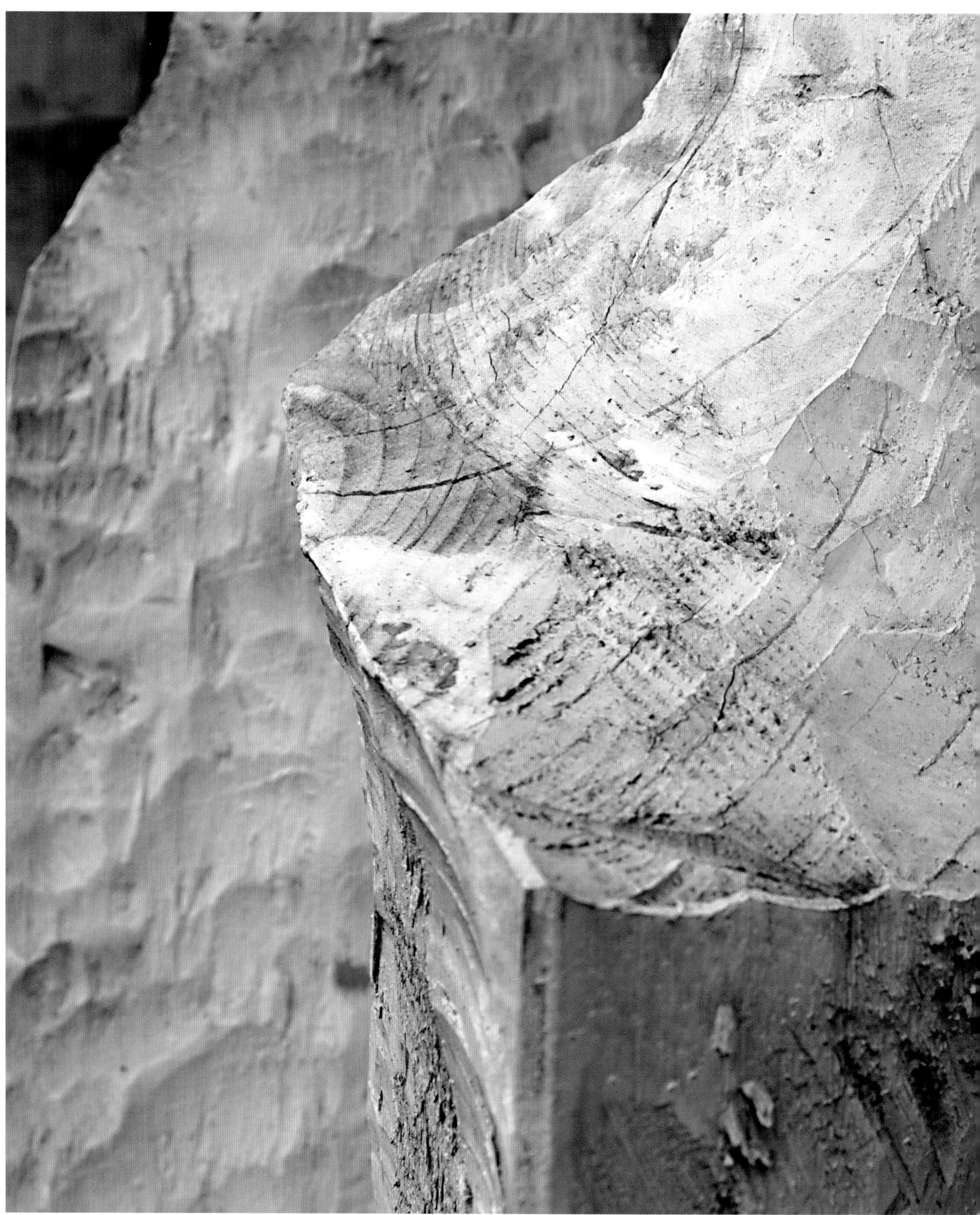

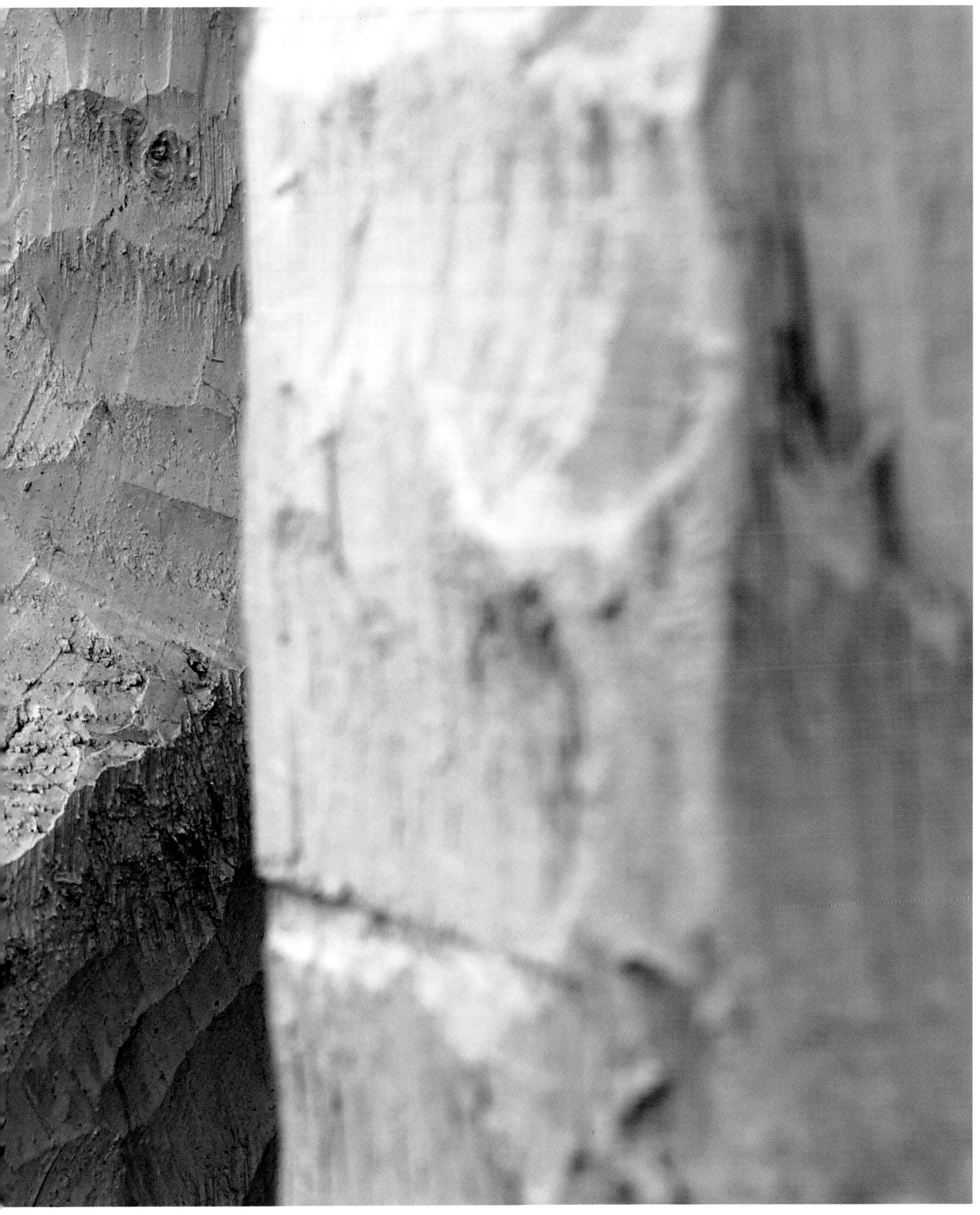

Skulptureninstallation
Sculpture installations

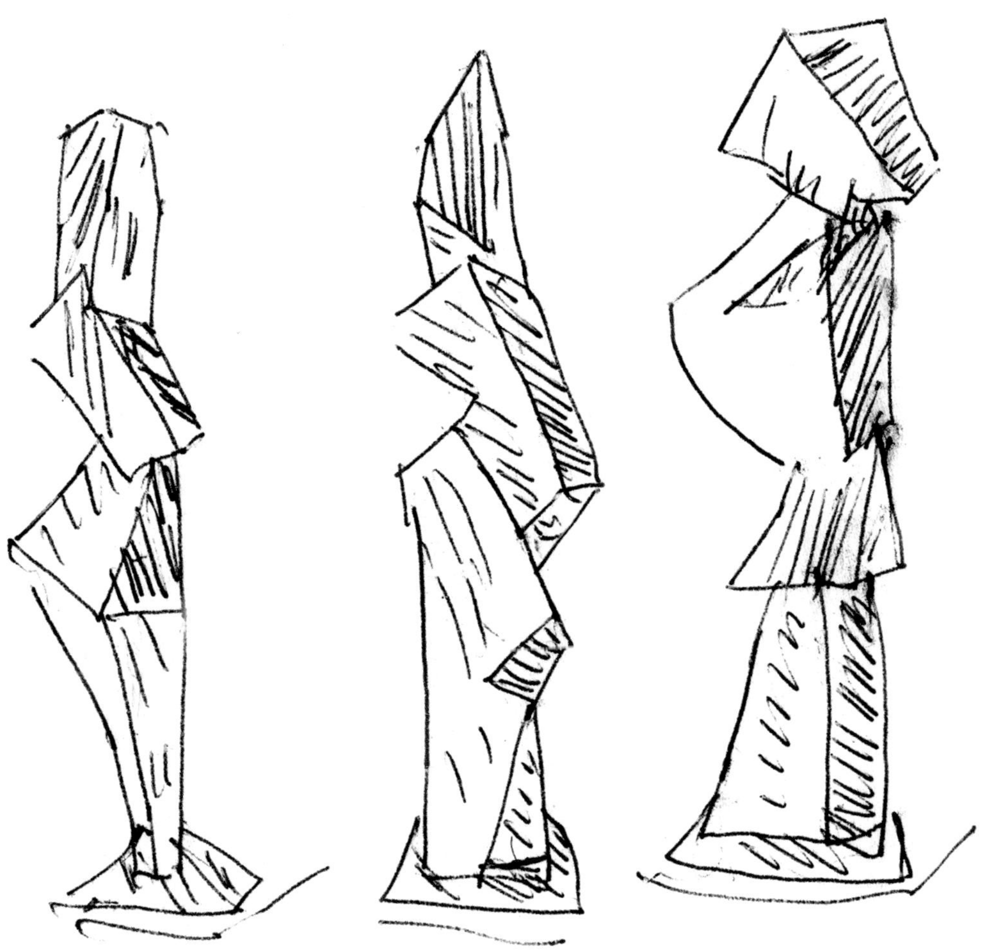

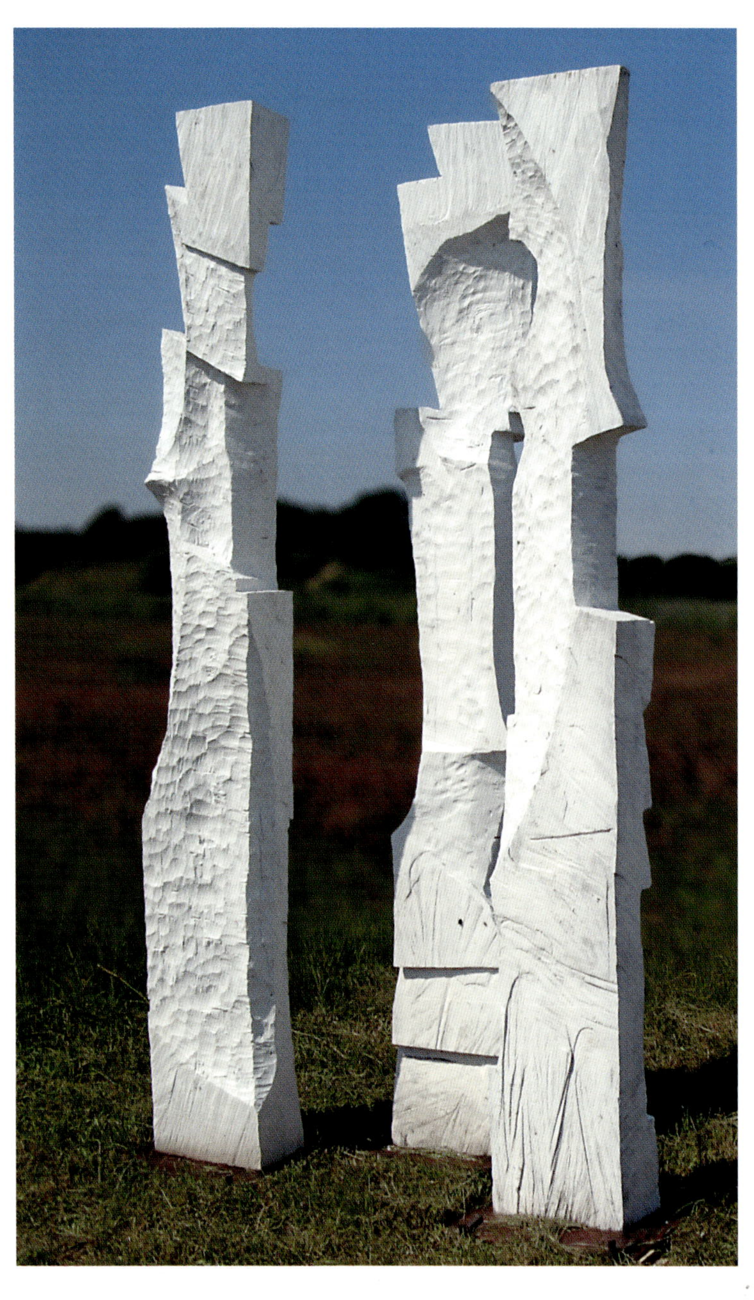

„Säulenfiguren", Leimholz, Höhe jeweils 270 cm, 2009
"Column Figures", glued wood, height 270 cm each, 2009

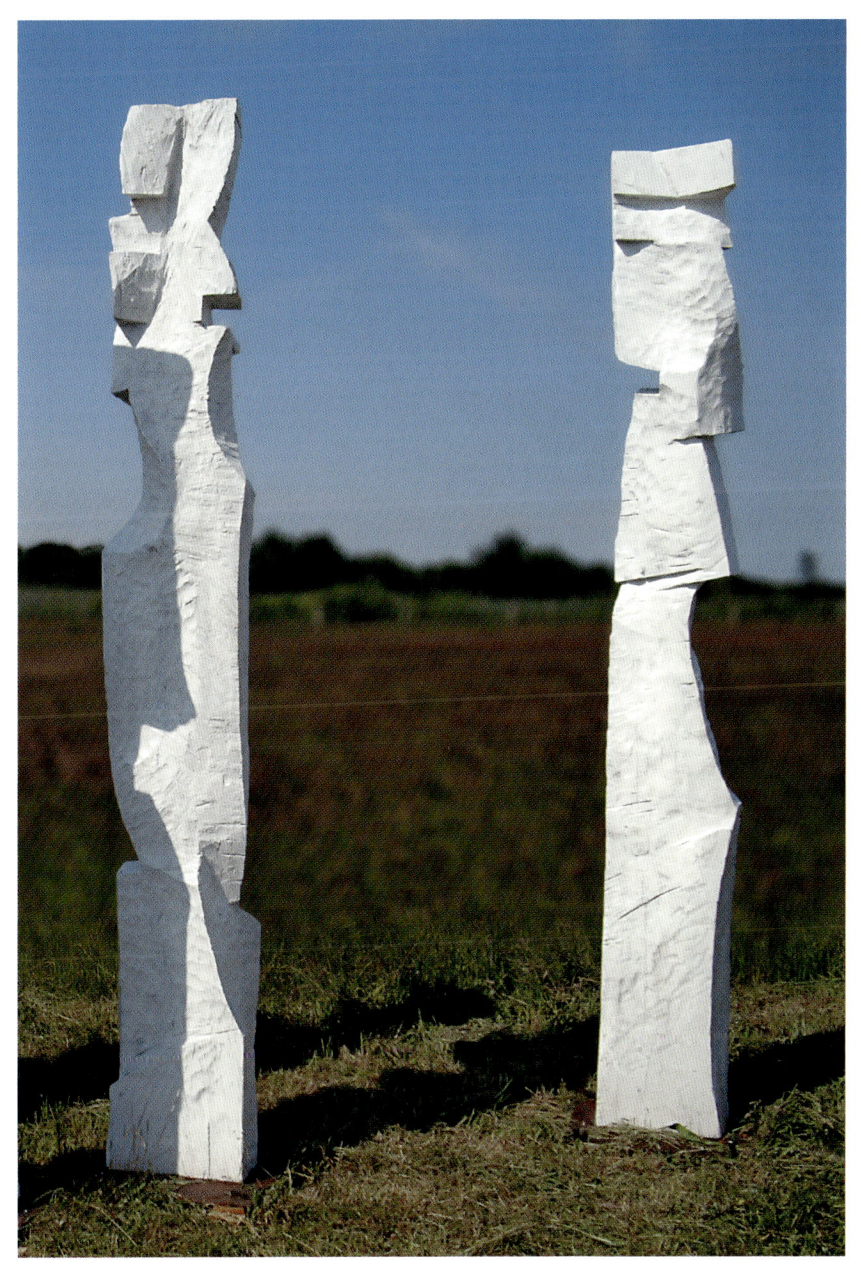

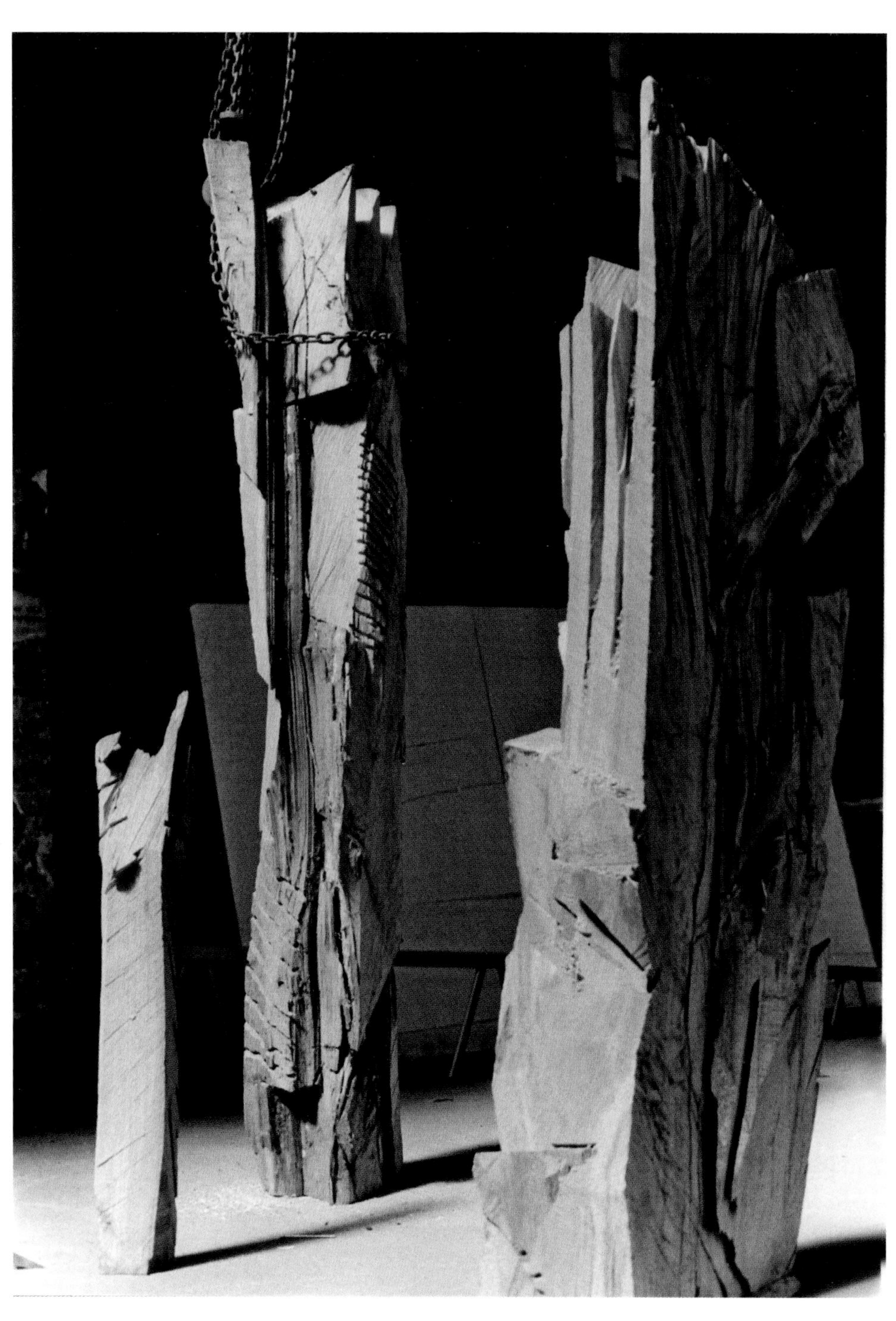

Atelier, Installation, verschiedene Hölzer, Höhe jeweils 220 cm, 1988
Studio, installation, various woods, height 220 cm each, 1988

Bundle of sticks – über das Verhältnis des Einzelnen zum Ganzen im Werk von Gunther Gerlach

Einst lebte in einem Dorf ein Vater mit seinen acht Söhnen. Sie arbeiteten von morgens bis abends hart und lebten in Wohlstand. Über eine bestimmte Gewohnheit seiner Kinder war der Vater aber sehr traurig: Sie stritten ständig untereinander – und das um jede Kleinigkeit! Alle Aufforderungen des Vaters, in Liebe zu leben, nutzten nichts. Eines Tages beschloss er, den Söhnen eine Lehre zu erteilen. In einer Hand ein Bündel Reisig haltend, rief er den Ältesten zu sich und bat ihn, einen Stock herauszunehmen und zu zerbrechen. Der Sohn nahm einen Stock heraus und zerbrach ihn. Dann bat der Vater ihn, zwei Stöcke herauszunehmen und erneut durchzubrechen. Dies gelang ihm nicht mehr so einfach wie beim ersten Mal. Daraufhin bat der Vater den Sohn, das gesamte Bündel Reisig auf einmal zu zerbrechen. Es gelang ihm nicht! Auch keinem der anderen sieben Söhne, der das Bündel nahm, gelang es, dieses zu zerbrechen. Nun fragte der Vater die Kinder: „Habt ihr verstanden, was ich meine? – Einheit ist Kraft!"

Die Fabel „Bundle of sticks" des griechischen Dichters Äsop (620–520 v. Chr.) mag als Folie dienen, sich den Arbeiten des Bildhauers Gunther Gerlach hier von drei unterschiedlichen Richtungen zu nähern: zum einen über Gerlachs bevorzugtes Arbeitsmaterial Holz, zum anderen über die von ihm oft verwendete Form der Stele und zuletzt, die Quintessenz der Fabel aufgreifend, über das Verhältnis des Einzelnen zum Ganzen.

Seit Jahren schon arbeitet der Künstler fast ausschließlich in Holz. Gerlach stemmt sich mit der Entscheidung für dieses bestimmte Arbeitsmaterial bewusst gegen die gängigen Vorurteile, die der Verwendung von Holz in der Bildhauerei oft entgegengebracht werden. Wichtigster Grund für diese Entscheidung ist sicherlich die Möglichkeit der spontanen Arbeitsweise, die Gunther Gerlachs Grundauffassung prägt. Von den klassischen Bildhauermaterialien lässt sich Holz nicht nur am leichtesten mit unterschiedlichsten Werkzeugen formen, es fixiert auch die Spur des Flüchtigen. Es eröffnet dem Künstler die Möglichkeit, sehr direkt auf Eindrücke, auf Ideen zu reagieren. Dies war einer der wichtigsten Gründe, weshalb das Material Holz in den ersten Jahrzehnten des letzten Jahrhunderts eine so fundamentale „Renaissance" erfahren hat. Die Expressionisten schätzten das Material ob der Möglichkeit, ihren Ideen unmittelbar Ausdruck verleihen zu können – ohne realisierenden Detailreichtum, klar und spontan geschnitten, in kantigen, archetypischen Formen.
Doch bei all diesen Vorzügen birgt Holz als Material immer die Gefahr, zu dominieren, insbesondere durch das Zurschaustellen der eigenen Natürlichkeit selbstredend zu werden. Gunther Gerlach unterbindet diese Gefahr konsequent, indem er sich in seinen Arbeiten nicht in Kleinformen und in geschliffenen Oberflächen verliert, sondern das Holz kraftvoll zurichtet. Fast möchte man die Eigenschaft „roh" für seine Werke verwenden, obwohl Gerlach sich auch dieser Etikettierung entzieht, indem er seine Figuren mit Farbe fasst.

***Bundle of sticks – on the relation of the individual to the whole in the work
of Gunther Gerlach***

*Once upon a time in a village there lived a father with eight sons. They worked hard
from morning till night and lived in prosperity. But the children had one particular habit
which made their father very sad: they constantly quarrelled among themselves – even
over the most inconsequential things! Their father pleaded with to them to live in love,
but always in vain. One day the father decided to teach his sons a lesson. Holding a
bundle of sticks in one hand, he summoned his eldest son to him. The father asked him
to pull a stick out of the bundle and break it. The son pulled out one stick and broke it.
Then the father asked him to take out two sticks and break them as well. He did not
find this quite as easy as he had done the first time. After that the father asked the son
to break the entire bundle of sticks. But he could not! And not one of the other seven
sons who picked up the bundle managed to break it, either. Now the father asked the
children: "Have you understood what I mean? Unity is power!"*

*The fable of the "Bundle of sticks" told by the Greek poet Aesop (620–520 BC) may
serve us here as a backdrop for approaching the works of the sculptor Gunther Gerlach
from three different directions: firstly by way of wood, Gerlach's working material of pre-
ference; secondly by way of the stele, the form he often uses; and finally – seizing on
the quintessence of the fable – by way of the single element's relationship to the whole.*

*For some years now, the artist has worked almost exclusively in wood. In choosing this
particular material, Gerlach consciously sets his face against the prejudices commonly
levelled at the use of wood in sculpture. Certainly the most important reason for this
choice is that it enables a spontaneous working method, a hallmark of Gerlach's basic
approach. Of all the classic sculptors' materials, wood is not only the easiest to form
with all manner of tools but also fixes the trace of something transient. It opens up a
means for the artist to respond very directly to impressions or fleeting ideas. This was
one of the most crucial reasons that wood enjoyed such a fundamental renaissance as
a material in the early decades of the twentieth century. The Expressionists appreciated
the potential offered by the material to give direct expression to their ideas – without
ultra-detailed realisation, cut incisively and spontaneously, in hard-edged, archetypal
forms.*

*But for all these advantages, wood as a material always harbours the risk of becoming
unduly dominant, particularly by displaying its own natural quality to the point of making
a statement in its own right. Gunther Gerlach consistently averts this risk in his works by
sculpting the wood forcefully, never becoming side-tracked with small forms or polished
surfaces. One might almost talk about the "raw" quality of his works, except that Gerlach
evades even this labelling by pigmenting his figures.*

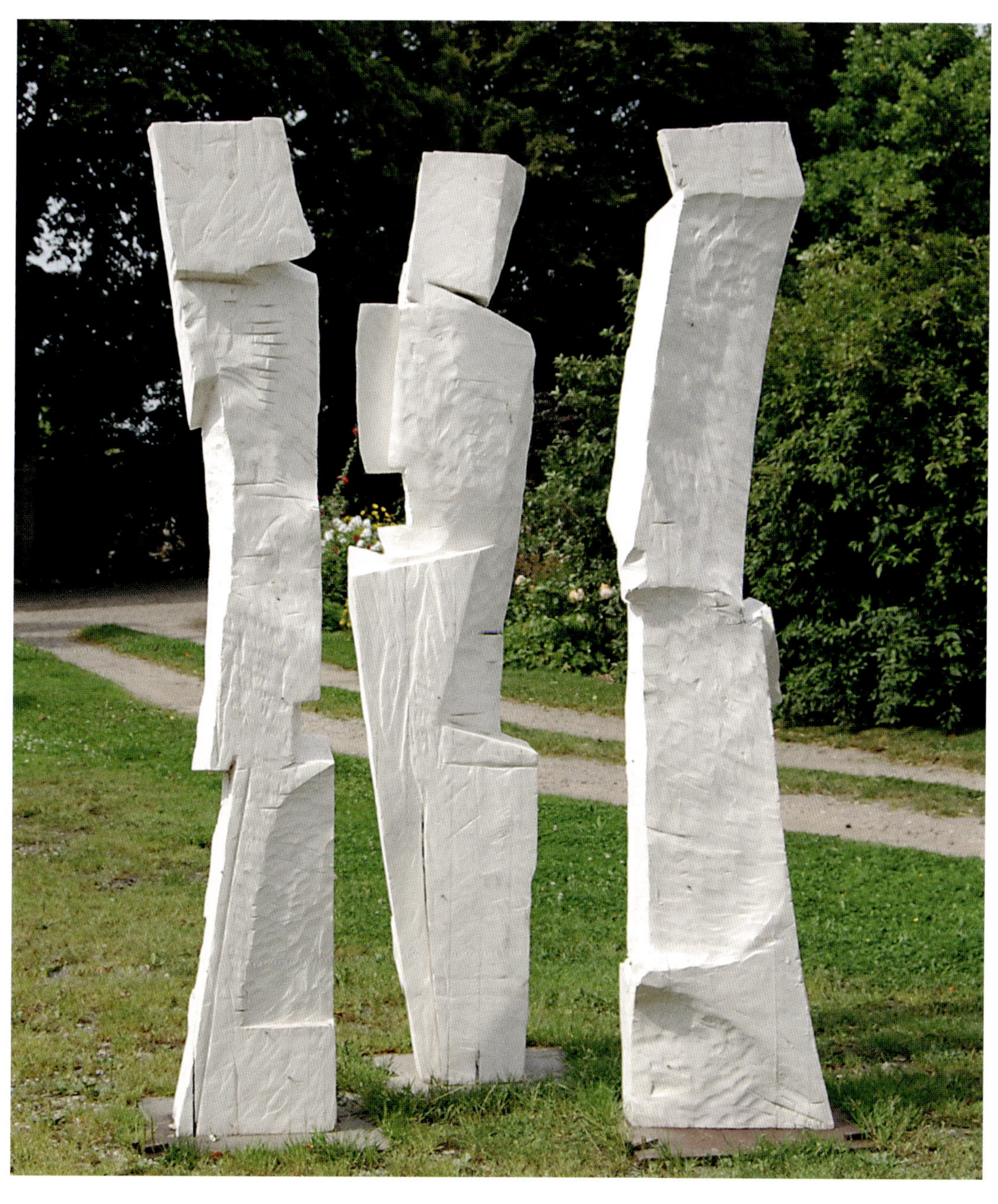

Säulen, Leimholz, Höhe jeweils 310 cm, Bissee, 2009
Columns, glued wood, height 310 cm each, Bissee, 2009

Confining himself to the two non-colours white and black, he has developed a highly nu-
anced use of colour: some of his figures are entirely pigmented, others only partially.
Both types can help to exemplify the different working methods in each case. On the
one hand, white pigmentation has a dematerialising effect; that is to say, it creates an
auratic, distanced atmosphere as seen in the example of the long, fully pigmented
group (p. 94). On the other hand, it clarifies and directs the gaze in understanding the
form (p. 95). Only the white paint makes the profile of the wood steles clearly perceptible
as a form. Yet this is no object lesson by Gunther Gerlach in matters of form-perception,
as the free use of colour shows. The artist creates areas within the homogenous outer
surface, dissolves the form from its underlying medium and uses white to produce ele-
vations which apparently contrast with shaded areas and recede spatially. This free play
of forms probably stands out most clearly in Gerlach's graphic works. These are not to
be ap-praised as preparatory studies for his sculptures but as an expressive medium
used in parallel. In his graphic art, Gerlach works up a mesh of lines in which areas of
hatching suggest three-dimensionality, so that they can be interpreted as outlines of a
body. Other drawings resist any unequivocal identification and lean towards the realm
of the informal.

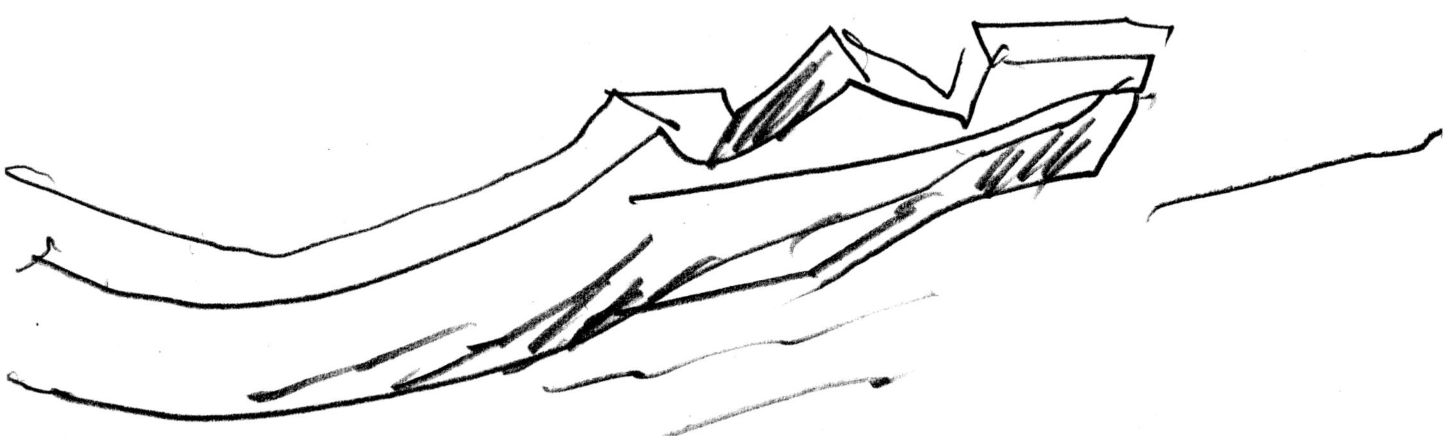

Der Künstler, der sich auf die beiden Nichtfarben Weiß und Schwarz beschränkt, hat einen sehr differenzierten Umgang mit Farbe entwickelt: Einige seiner Figuren sind komplett gefasst, andere nur partiell. An beiden Beispielen lässt sich die je unterschiedliche Wirkungsweise beschreiben. Auf der einen Seite entmaterialisiert die weiße Farbfassung, das heißt sie verschafft eine auratische, entrückte Atmosphäre wie am Beispiel der langen, komplett gefassten Gruppe (S. 94) zu sehen ist. Auf der anderen Seite klärt und lenkt sie den Blick im Verständnis der Form (S. 95). Erst durch den weißen Anstrich nimmt man den Querschnitt der Holzstelen deutlich als Form wahr. Dass Gunther Gerlach hier aber nicht auf ein Lehrstück in Sachen Formwahrnehmung abzielt, zeigt der freie Einsatz der Farbe. Der Künstler schafft Flächen innerhalb der homogenen Oberfläche, löst die Form von ihrem Trägermedium, schafft durch das Weiß Höhen, die verschattete Flächen kontrastieren und räumlich zurückzutreten scheinen. Dieses freie Spiel der Formen zeigt sich wohl am deutlichsten in Gerlachs Grafiken. Sie sind nicht als vorbereitende Studien für seine Skulpturen zu werten, sondern als ein vom Künstler parallel gebrauchtes Ausdrucksmedium. Gerlach erarbeitet in ihnen ein Liniengeflecht, in dem die partiell gesetzten Schraffuren Räumlichkeit anzeigen und damit als Umrisslinien eines Körpers gedeutet werden können. Andere Zeichnungen widersetzen sich einer eindeutigen Bestimmung und rücken damit in die Nähe des Informel.

Zurück zu den Skulpturen und damit zum zweiten Punkt der „bundle of sticks", der dominierenden Form der Stele: Auch wenn einige Arbeiten deutlich blockhaften Charakter besitzen, so finden sich doch darunter oft monolithische Formen, die emporzustreben scheinen und damit Assoziationsketten zu kunstgeschichtlichen Vorläufern auslösen, am bekanntesten darunter wohl Constantin Brancusis (1876–1957) in den 1910er-Jahren mehrfach in Holz ausgeführte Versionen der „Endlosen Säule". Doch im Gegensatz zu den aus Rhomboiden aufgebauten Skulpturen von Brancusi steht bei Gerlach kein Modulsystem im Vordergrund, kein Schematismus, keine gleichförmige Struktur, sondern die individuell gestaltete Form, in der vor allem im oberen Drittel immer wieder stereometrische Grundformen hervorstechen. Man mag in ihnen Kopfformen sehen, mag die dynamische Haltung als körperliche Gesten deuten und somit die Gesamtform als Figur wahrnehmen.

Returning now to the sculptures and to the second point of the "bundle of sticks", namely the dominant form of the stele: even though some works have a distinctly block-like character, in amongst them are often monolithic forms which seem to rear upward, setting off chains of associations with art-historical predecessors, perhaps most famously Constantin Brancusi's (1876–1957) "Endless Column", which was executed several times in wood in the 1910s. But in contrast to Brancusi's sculptures assembled from rhomboids, in Gerlach's work no module system comes to the fore, nothing schematic, no uniformity of structure, just the individually shaped form in which basic stereometric forms repeatedly emerge, particularly in the upper third. Some may see heads in these forms and read physiological gestures into the dynamic bearing, thereby perceiving the complete form as a figure.

What becomes clear is that for all their emotionally reserved distance, the works strike up an interaction and a relationship is established between the individual form and the whole. But what is this interaction, in reality, and how does it arise? In purely objective terms, these are forms that connect with other forms across a certain three-dimensional space. They can stand in a relationship of similarity, they can repel one another, or they can complement one another as concave and convex elements do. Only in this dynamic interplay do the sculptures of Gunther Gerlach unfold the fullness of their potential. A crucial factor in this is the presentation of the sculptures: they are not staged individually, displayed to be viewed from one particular side, but installatively arranged. By virtue of this installation the viewer is challenged to run the eye over the individual elements and make the said comparisons, to move around in the space and to find new viewing angles. Only this makes it evident that there is more to the works than one or a number of wooden forms, for then the empty space arising between them also becomes sculptural.

Historically the concept of "spatial art" refers to the work of architects but it is evolving a new relevance today, being such an apt term to denote the intervening space between sculpture and installation, between form and space. Gunther Gerlach is a "spatial artist" who uses sculptural means to create spatial structures. The vital point here – and it is one of the sculptor Gunther Gerlach's great strengths – is that his art does not close itself in. It can stand on its own terms, but it is always open to people, and makes space for reflections about the person as an individual and as part of a whole.

Yvette Deseyve

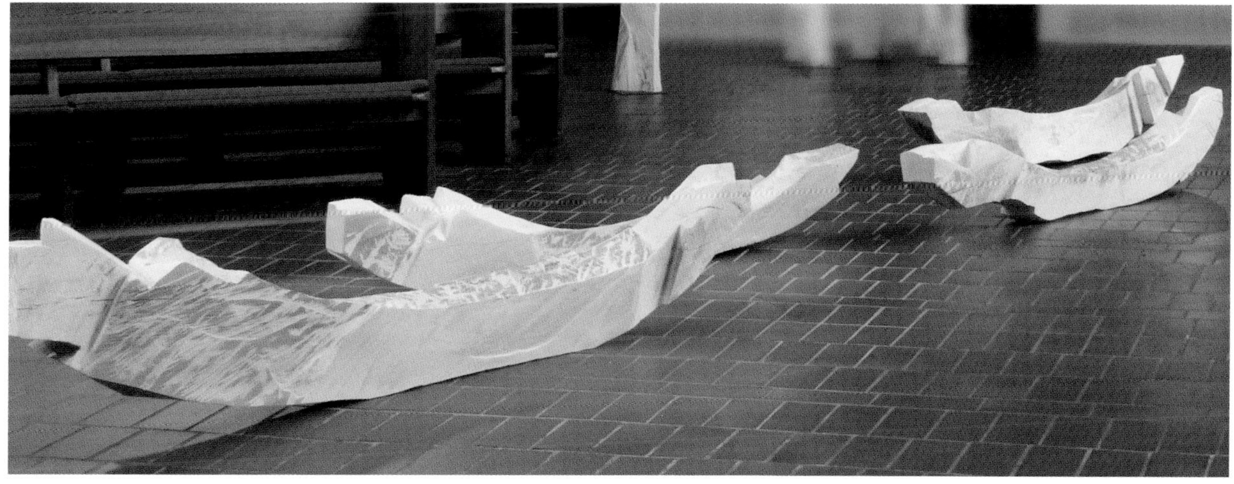

„Liegende", Lärche, Länge jeweils 220 cm, St. Pauli Kirche, Bremen, 2008
"Figures Reclining", larch, length 220 cm each, St. Pauli Church, Bremen, 2008

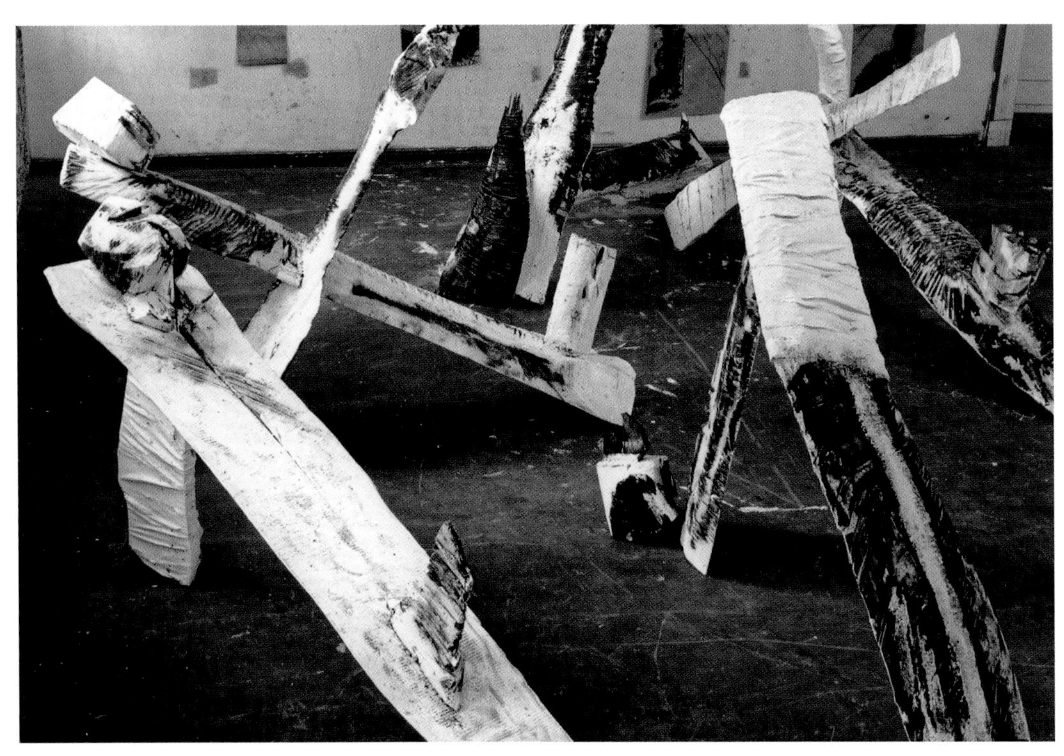

Atelier, Installation, verschiedene Hölzer, Nessel, 1983
Studio, installation, various woods, nettle, 1983

Deutlich wird, dass die Arbeiten trotz aller emotional zurückhaltenden Distanz in Interaktion treten und damit ein Verhältnis von der Einzelform zum Ganzen aufgebaut wird. Aber was ist diese Wechselwirkung eigentlich und wie entsteht sie? Ganz nüchtern beschrieben sind es Formen, die über eine gewisse Räumlichkeit hinweg mit anderen in Verbindung treten. Diese Formen können in einem Ähnlichkeitsverhältnis stehen, können sich abstoßen oder wie bei konkaven und konvexen Teilen sich ergänzen. Erst in diesem dynamischen Zusammenspiel entfalten sich die Skulpturen Gunther Gerlachs in Gänze. Entscheidend hierfür ist ihre Präsentation: Sie werden nicht in ihrer Einzelform mit einer ausgerichteten Schauseite inszeniert, sondern installativ angeordnet. Durch diese Installation ist der Betrachter aufgefordert, mit dem Auge die Einzelteile nach den genannten Vergleichen abzutasten, sich im Raum zu bewegen und Blickachsen zu erschließen. Erst dann wird deutlich, dass diese Arbeiten nicht nur aus einer oder mehreren hölzernen Formen bestehen, sondern es wird klar, dass auch der sich dazwischen ergebende Leerraum skulptural wird.

Historisch gesehen beschreibt der Begriff „Raumkunst" die Arbeit von Architekten, doch entfaltet dieser Begriff heute eine neue Aktualität, ist er doch im Stande, eben jenen Bereich zwischen Bildhauerei und Installation, zwischen Form und Raum zu benennen. Gunther Gerlach ist ein „Raumkünstler", der mit bildhauerischen Mitteln Raumgefüge schafft. Entscheidend hierbei ist – und das ist eine der größten Stärken des Bildhauers Gunther Gerlach –, dass sich seine Kunst nicht verschließt. Sie kann für sich alleine stehen, sie ist aber immer offen für den Menschen, gibt Raum für Reflexionen über den Menschen als Individuum und Teil des Gesamten.

Yvette Deseyve

„Säulengruppe", Ulme, Höhe 130 cm, 2006
"Column Group", elm, height 130 cm, 2006

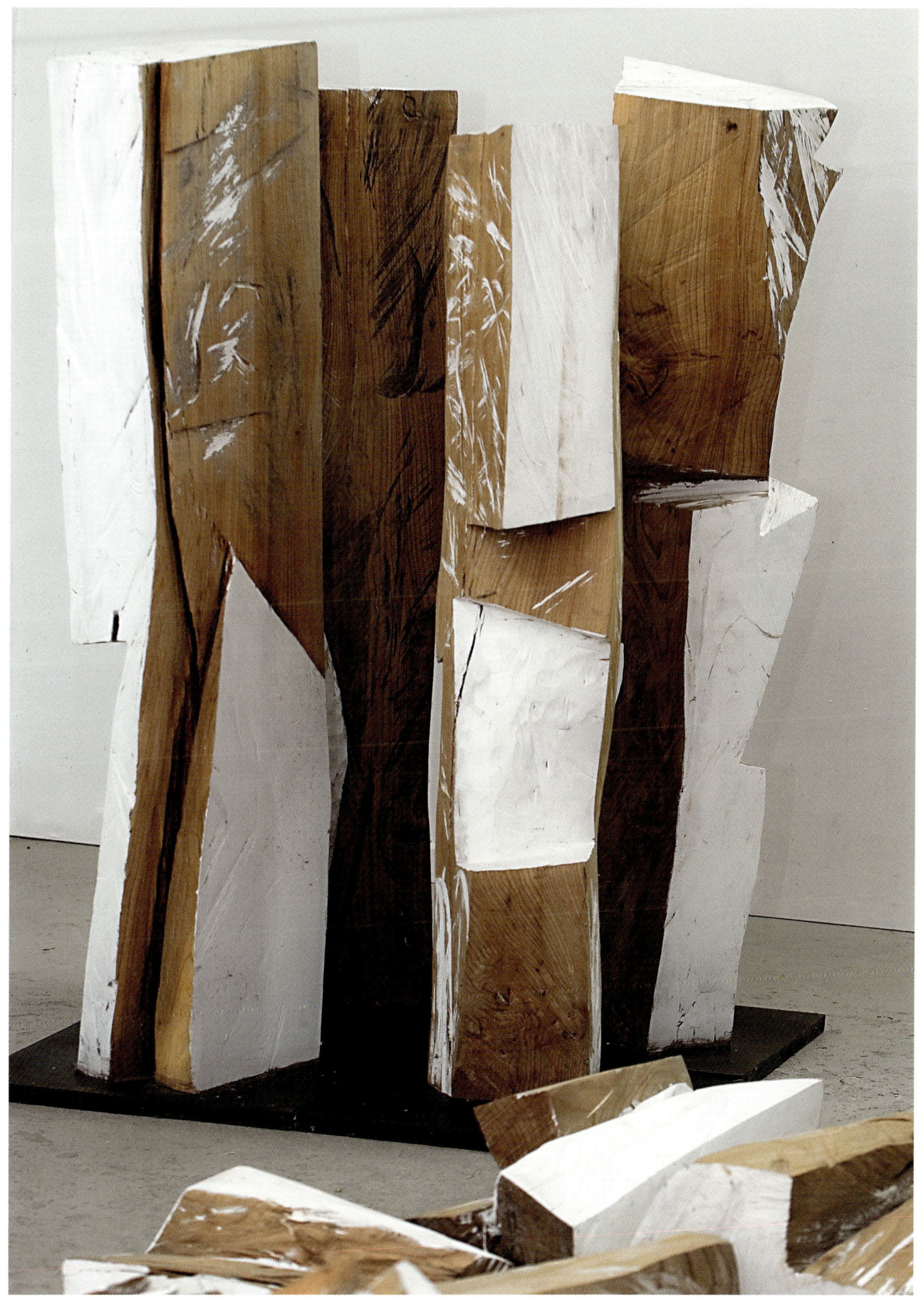

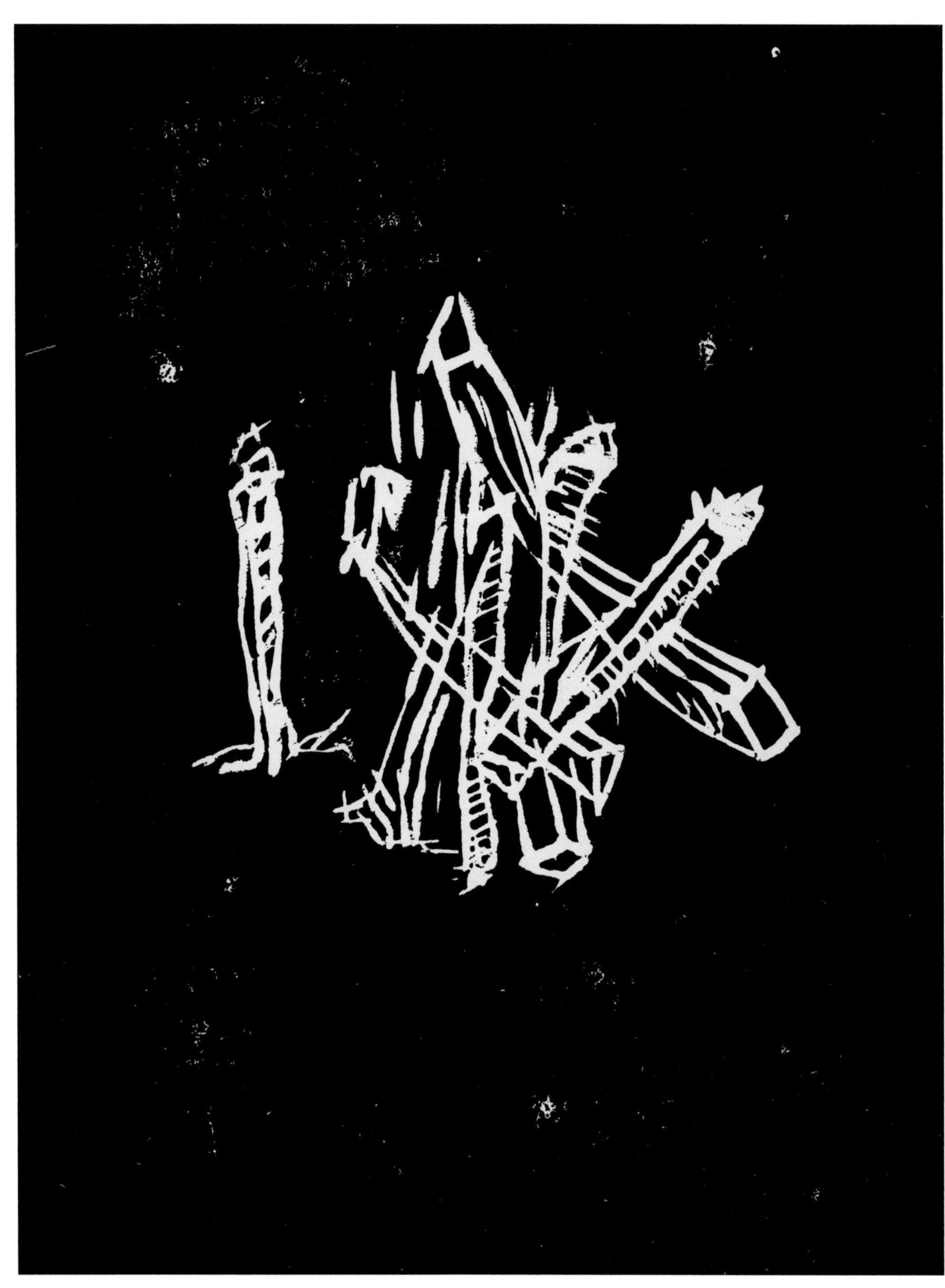

„Bundle of sticks", Holzschnitt, 45 x 30 cm, 2012
"Bundle of sticks", woodcut, 45 x 30 cm, 2012

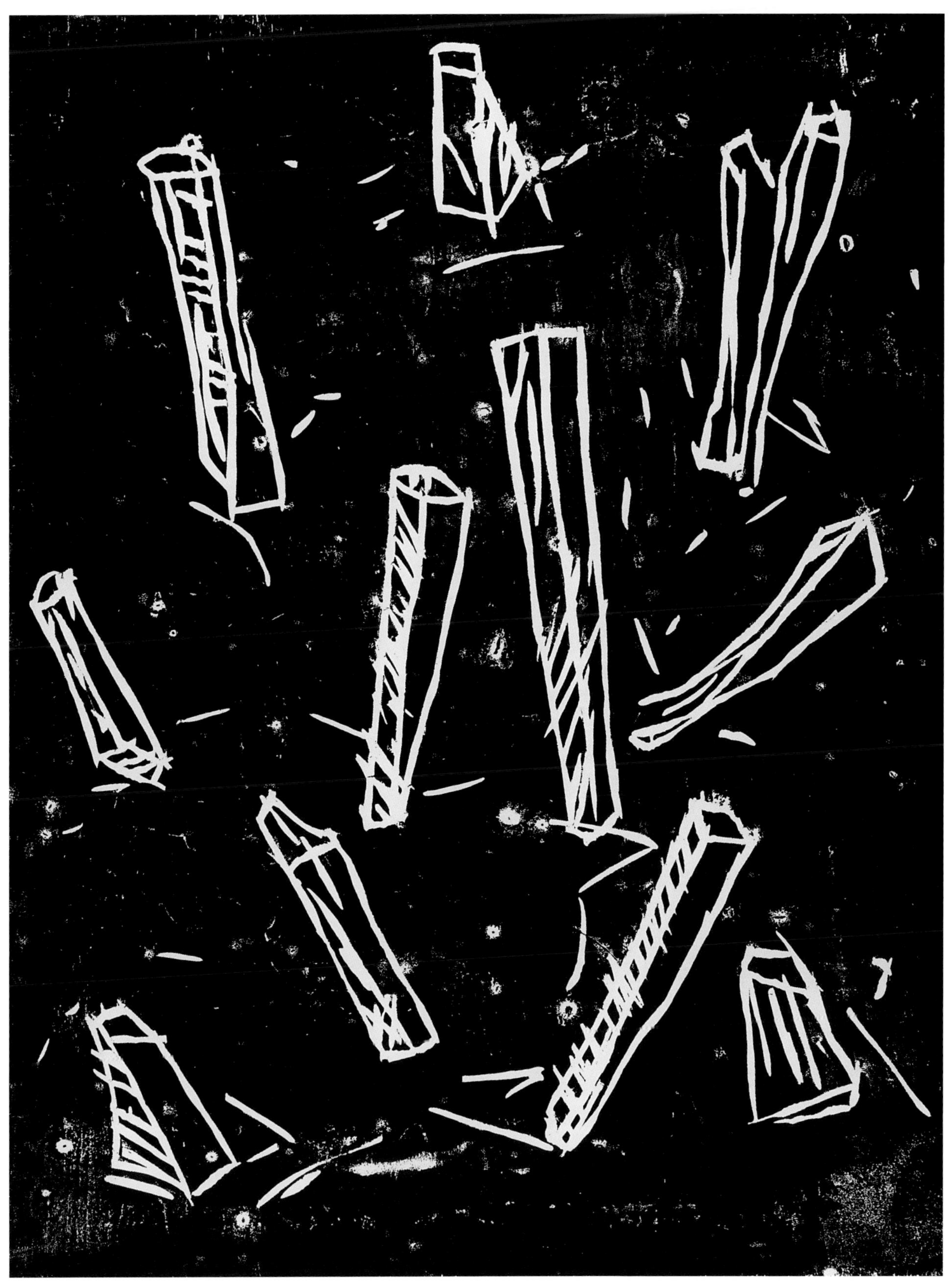

„Bundle of sticks", Holzschnitt, 60 x 45 cm, 2012

"Bundle of sticks", woodcut, 60 x 45 cm, 2012

„Säulenblöcke“, Ahorn, 110 x 300 cm, 2012

"Column Blocks", maple, 110 x 300 cm, 2012

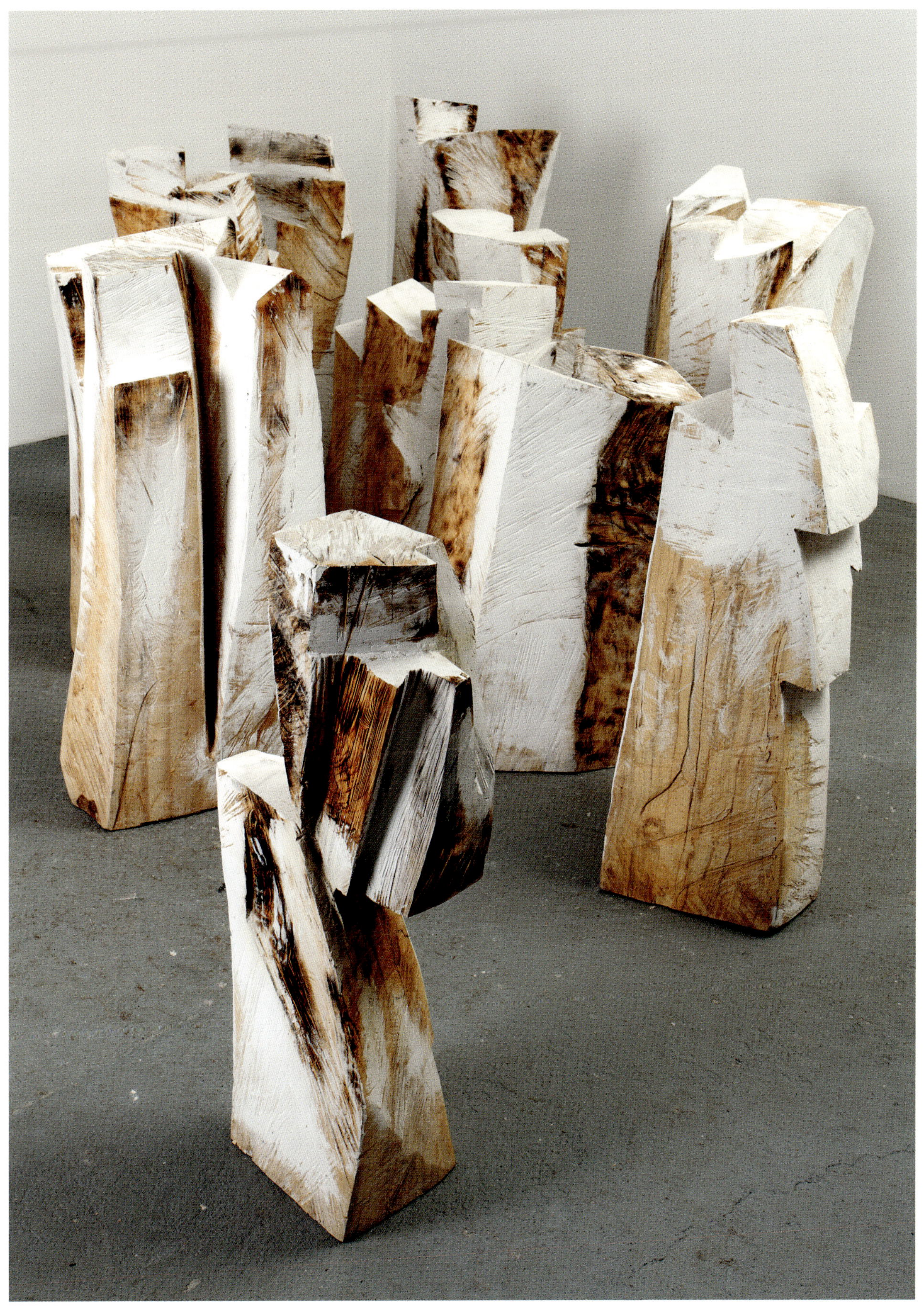

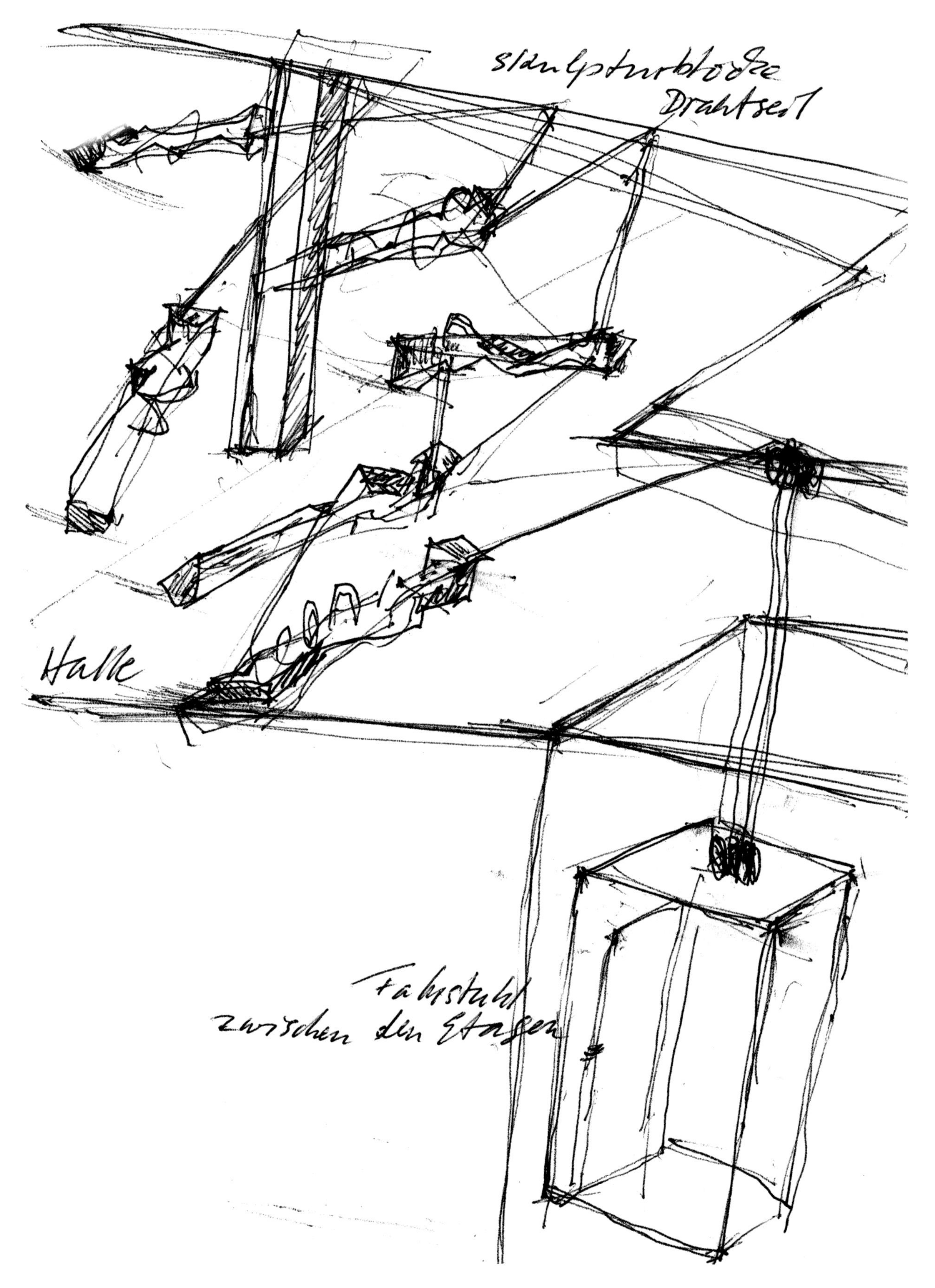

Staubsturzblöcke
Drahtseil
Halle
Fahrstuhl
zwischen den Etagen

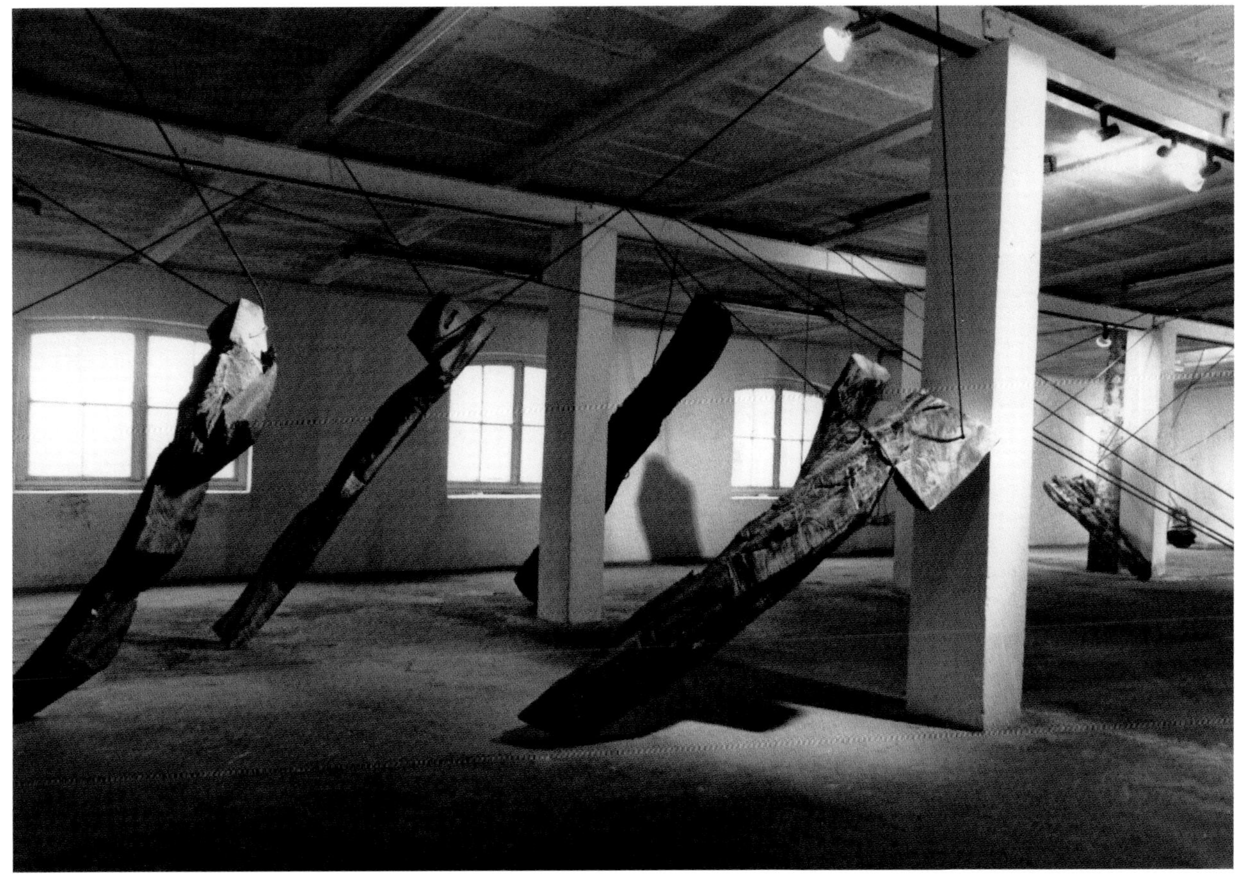

Installation „Das Seil", zwölf Skulpturen, ein Drahtseil, ein Fahrstuhl, Prima Kunst, Kiel, 1988

Installation "The Cable", twelve sculptures, one wire cable, one elevator, Prima Kunst, Kiel, 1988

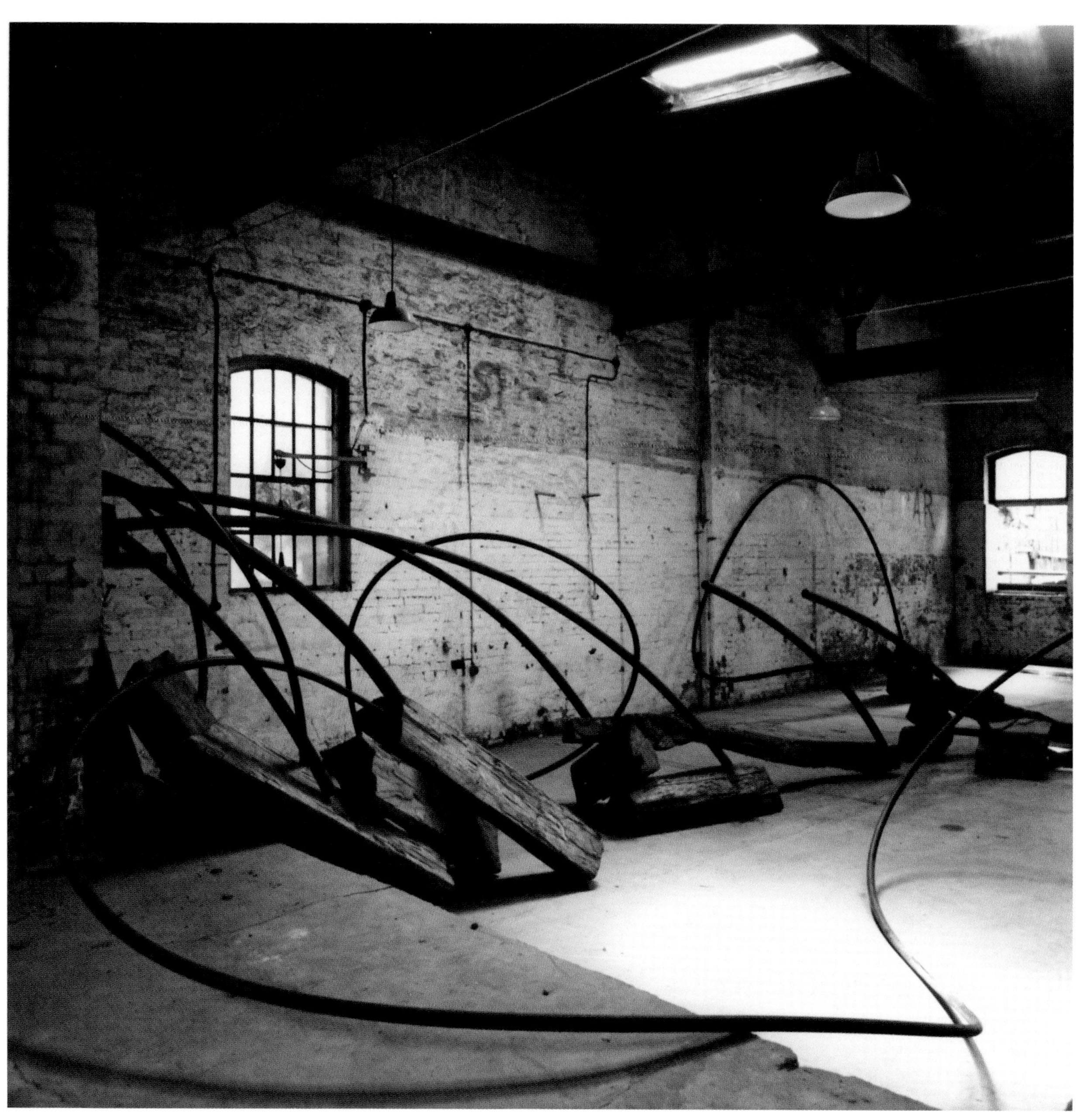

Installation „Der Schlot", Künstlerhaus Freiraum, Hannover, 1988
Installation "The Chimney", Künstlerhaus Freiraum, Hannover, 1988

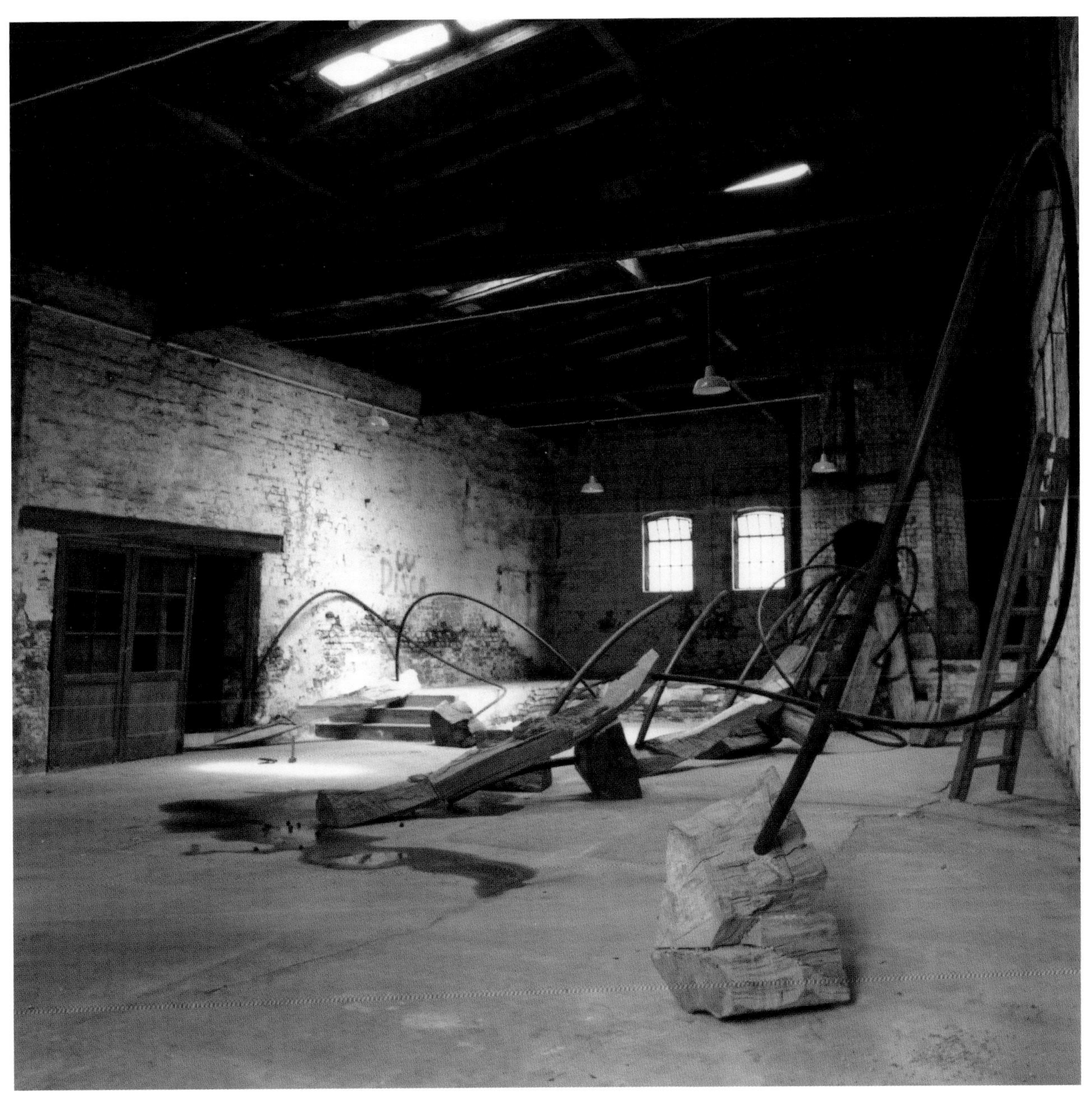

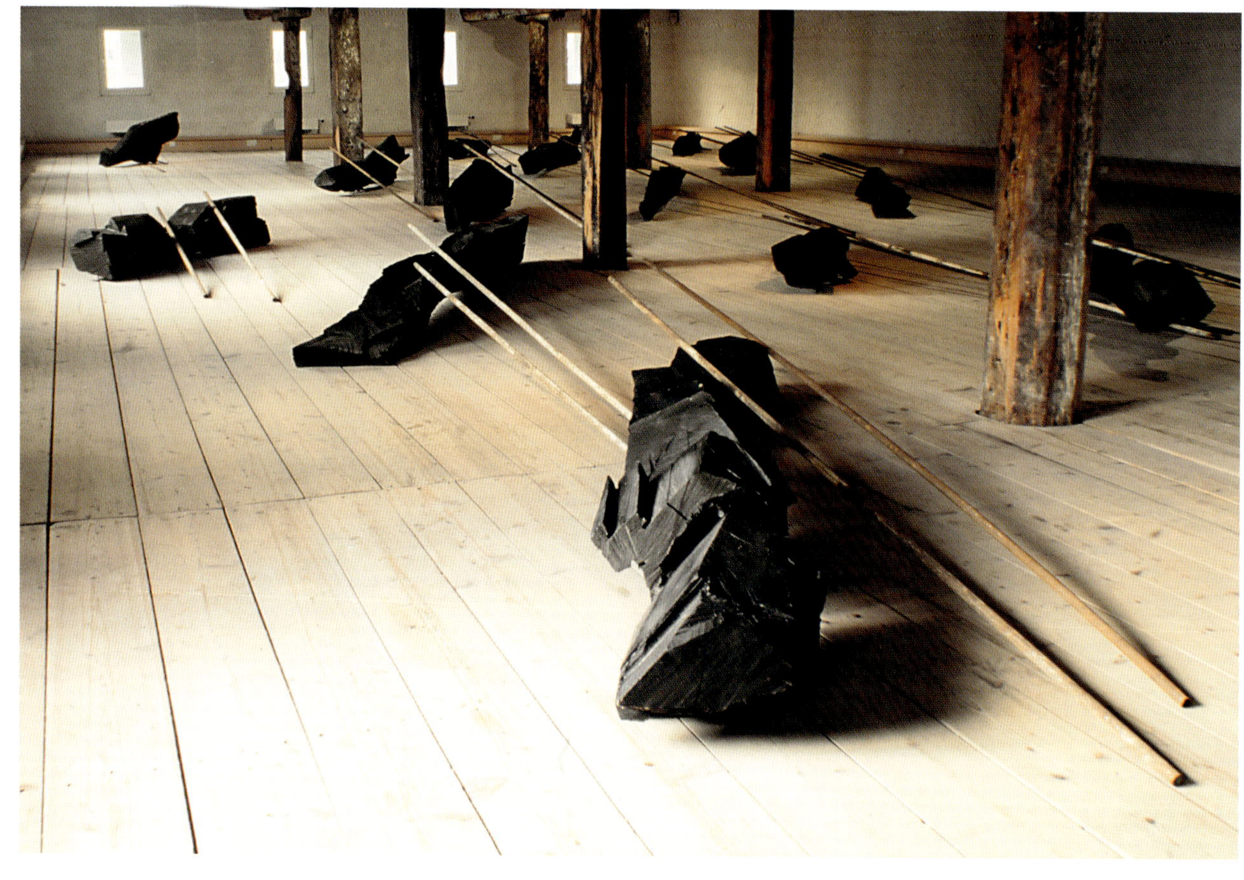

Installation „Going fishing", 15 Skulpturen, Eisenrohre, Kito, Bremen, 1992
Installation "Going fishing", 15 sculptures, iron tubes, Kito, Bremen, 1992

Verlorene Form, gewonnener Raum

Lost form, gained space

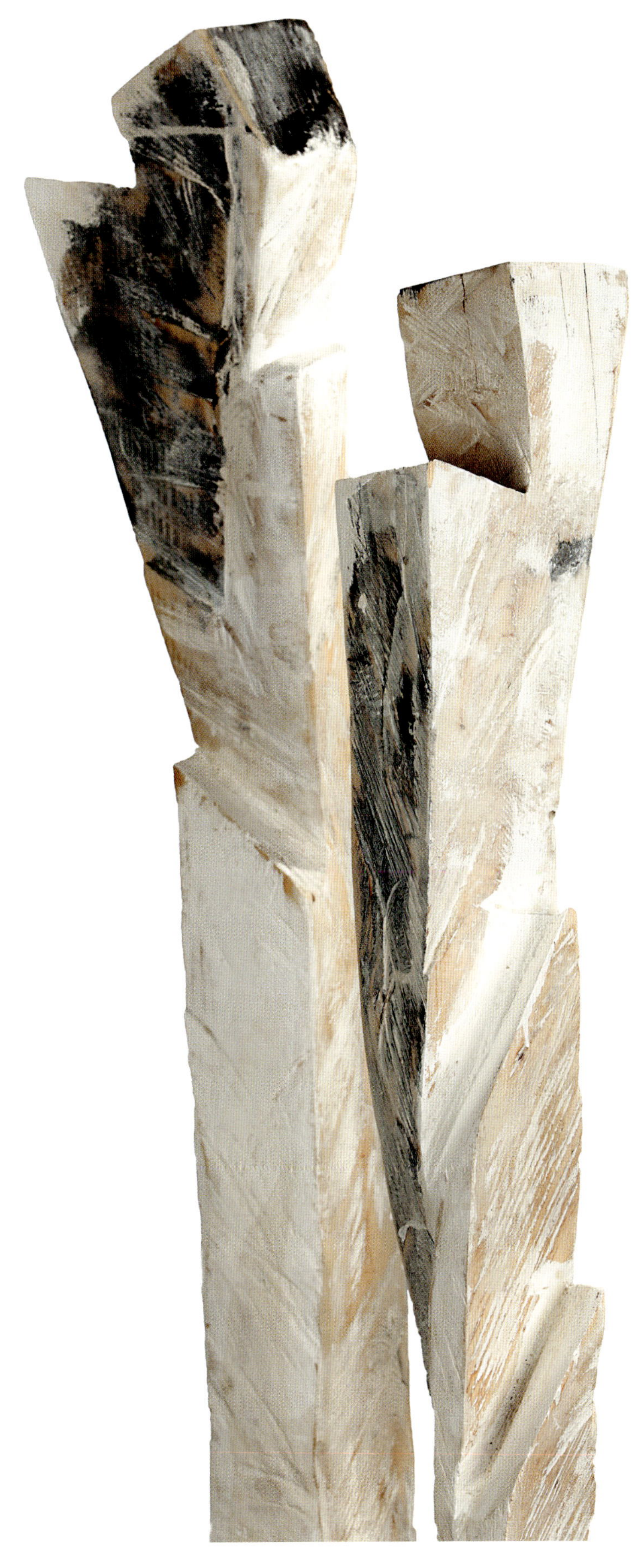

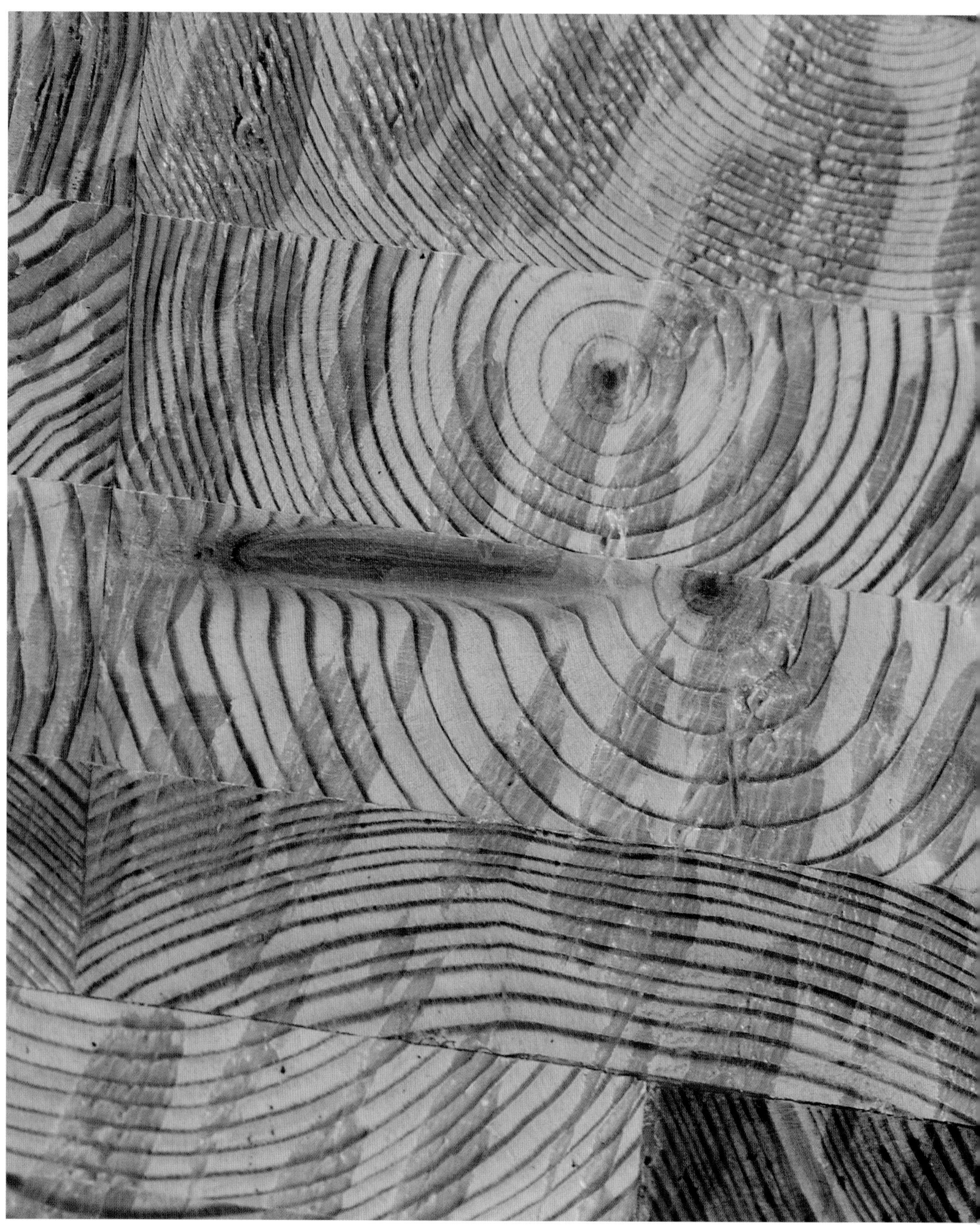

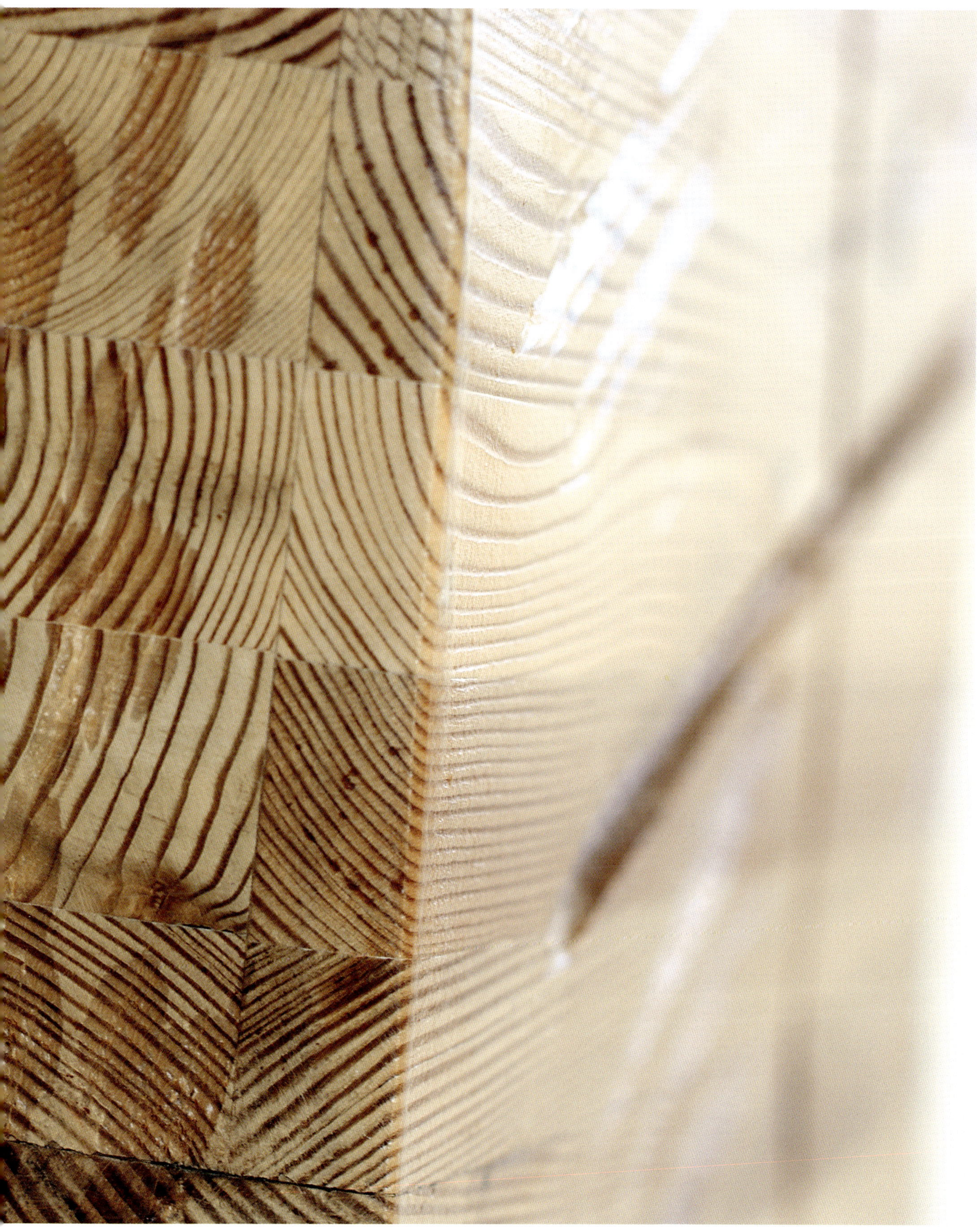

Biography

Gunther Gerlach

1952
Born in Neustrelitz/Mecklenburg, East Germany

1969–75
Degree in Sculpture, studying under Jan Koblasa, Kiel

1999 to date
Teaching position at the University of Bremen, Institut für Kunstwissenschaften
und Kunstpädagogik

Exhibitions (selection)

1973
"Plastik und Stadt" (Sculpture and City) exhibition with sculptors' class in Kiel
Sculptors' class at Alinsas art museum, Sweden
Sculptors' class at the German-Danish festival, Sønderborg, Denmark

1974
Brunswiker Pavillon, Kiel
Solo exhibition at Galerie 68, Kiel
Participated in exhibition of Schleswig-Holstein artists' association and the state of Schleswig-
Holstein annual art show (Landesschau)

1975
Co-founder of Galerie Lornsenstrasse
Participated in exhibitions at the gallery

1976
Residence in Vence, Fondation Karoly
Co-founder of the Kielywood Group

1977
Exhibitions of the Kielywood Group at Galerie 68, Kiel
Atelierhof Hansastrasse
Participated in various exhibitions in Schleswig-Holstein

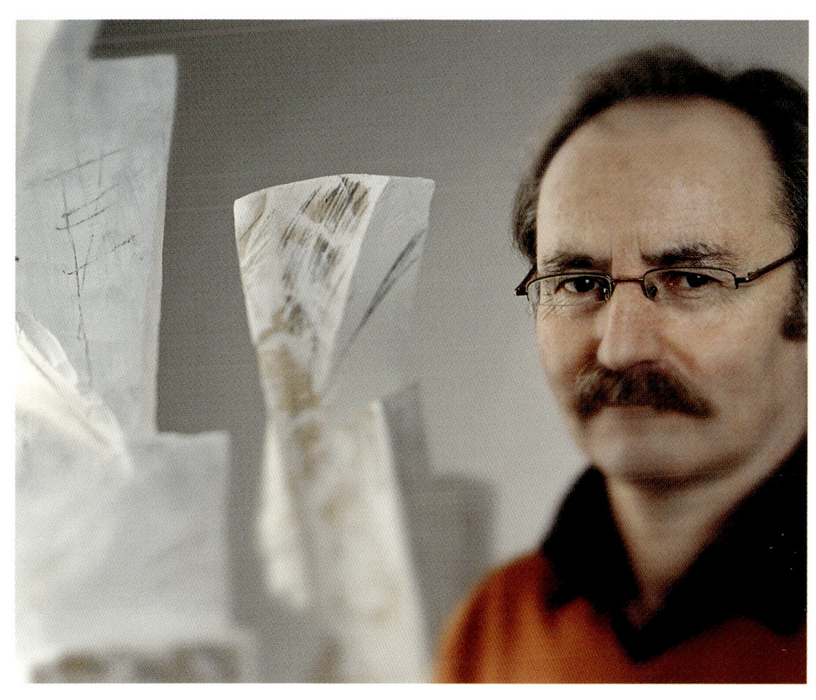

1978
Relocated to Bremen, studios in Fedelhören
Participated in BBK-exhibitions in Bremen

1979
Solo exhibition at Galerie Gruppe Grün
Bunker mural in Neukirchstrasse, Bremen

1980
Mural at Rechtenfleth school, Bremen

1981
Picture series for the Senator for Science and Art, Bremen

1982
Group exhibition at the Rathaushalle Bremen
1982–90 regular development-prize exhibitions, Bremen
Second prize, green spaces, Bremen-Walle

1983
"Skulptur und Farbe" (Sculpture and Colour), Gesellschaft für Aktuelle Kunst, Bremen
First prize, design of square, Bremen-Blumenthal

1984
Künstlerhaus Kiel, Seefischmarkt
Third prize, mural, Lessingstrasse, Bremen
"Der rote Zwerg" (The Red Dwarf) sculpture
on Weser bridge
Second prize, bunker, Kornstrasse, Bremen

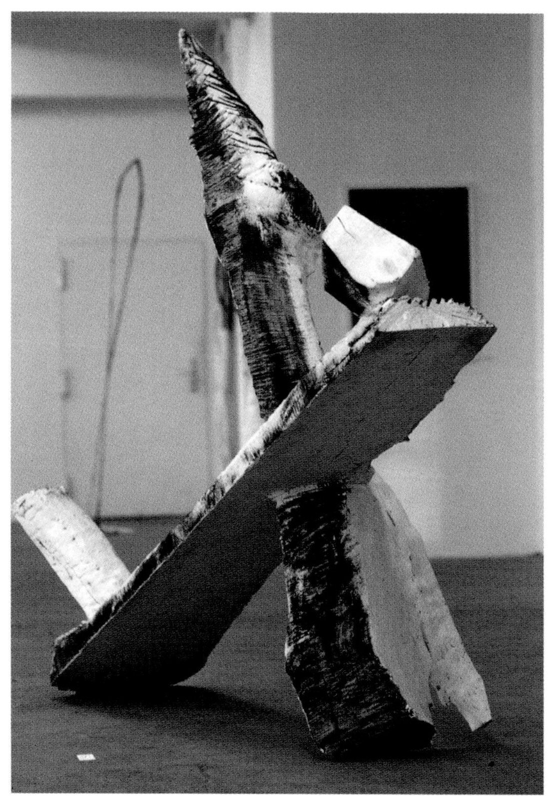

„Kreuz", Buche, 200 x 200 cm, Gesellschaft für aktuelle Kunst,
Bremen, 1983

"Cross", beech, 200 x 200 cm, Gesellschaft für aktuelle Kunst,
Bremen, 1983

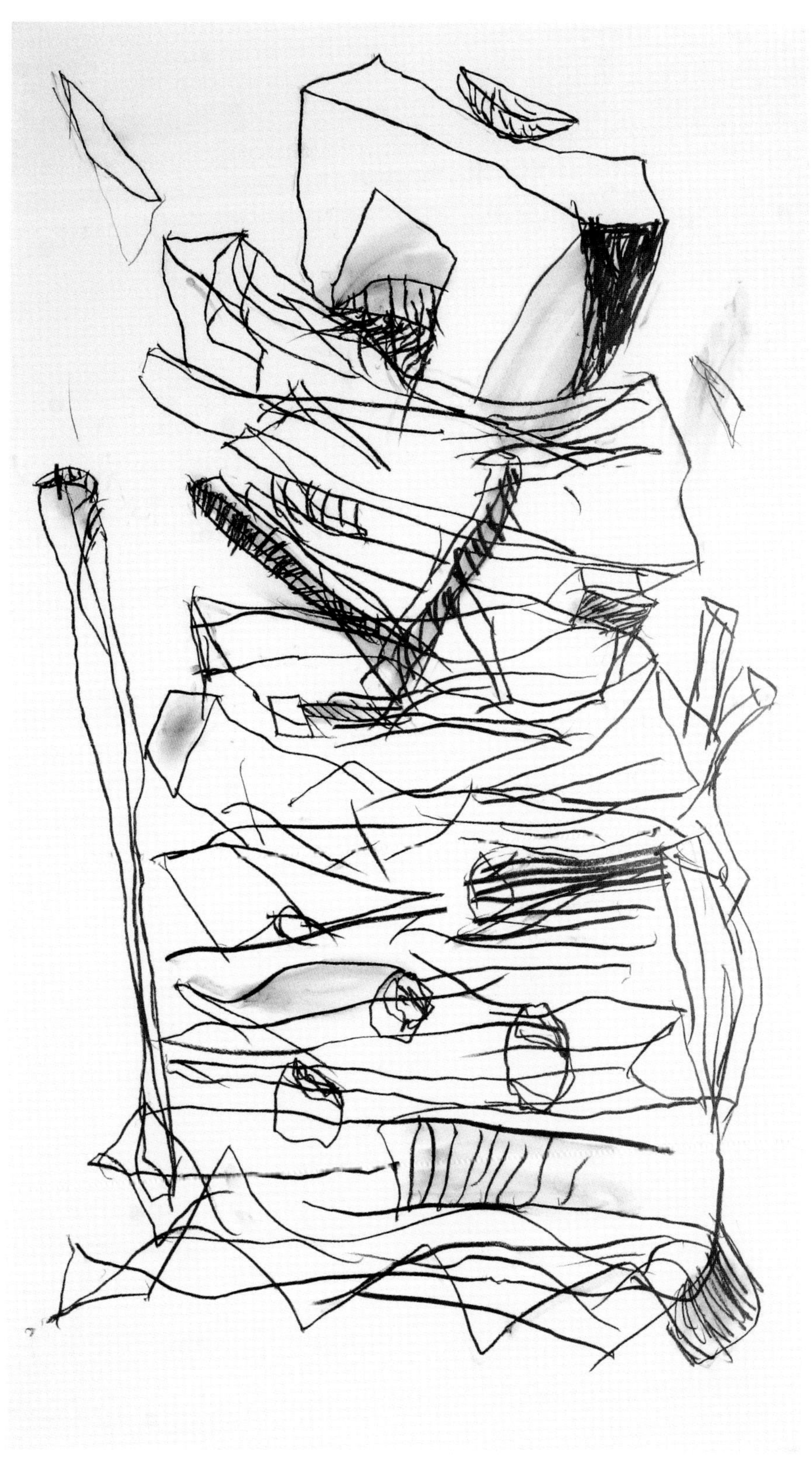

„Ohne Ort", Zeichnung, Kreide, 200 x 90 cm, 2006

"Placeless", drawing, chalk, 200 x 90 cm, 2006

Galerie Teehaus, Bremen
Publication of the poetry collection "Niemand weint" (Nobody Cries)

1985
Galerie Gruppe Grün
"Skulptur und Farbe" (Sculpture and Colour), city ramparts, Bremen
Member of Gruppe Grün and group exhibitions with Gruppe Grün
"Kaltnadel" (Cold Needle) wall design, Café Grün, Bremen
Galerie 68, Kiel
Kommunale Galerie, Bremen
Werkgalerie Droysen, Berlin
Founding of the artists' group EXR (Experiment Raum)
K18 Henschelhallen, Kassel
Erection of the large sculpture "BETE" on the Weser bridge, Bremen

1986
EXR exhibitions in the Giessereihalle Bremen, Hemelingen
Competition prizewinner, Ziegenmarkt, Bremen
Second prize, design of square, Bremen-Findorff
Gruppe Grün
"Standpunkte" (Standpoints), sculptors' drawings,
Kulturzentrum Kiel
EXR participatory projects, Kunsthalle Bremen
"Klötze" (Blocks) sculptures on the Remberti traffic roundabout, Bremen
Galerie Gruppe Grün, Bremen

1987
EXR in Documenta fringe programme, artists' groups – group artwork category
"Bremer Bildhauer" (Bremen Sculptors), Gesellschaft für Aktuelle Kunst, Bremen
EXR in the Kunstpark Mönkeberg, Kiel

1988
Kunstverein Prima Kunst, Kiel
Artists' house Freiraum, Hannover
EXR with students in the grounds of Darmstadt University
EXR exhibition in Künstlerhaus Eisfabrik, Hannover

Biografie

Gunther Gerlach

1952
geboren in Neustrelitz/Mecklenburg

1969–1975
Studium der Bildhauerei bei Jan Koblasa, Kiel
Lehrtätig seit 1999 an der Universität Bremen, Institut für Kunstwissenschaften und
Kunstpädagogik

Ausstellungen (Auswahl)

1973
Ausstellung „Plastik und Stadt" mit der Bildhauerklasse in Kiel
Bildhauerklasse in der Kunsthalle Alinsas, Schweden
Bildhauerklasse bei den Deutsch-dänischen Tagen in Sønderborg, Dänemark

1974
Brunswiker Pavillon, Kiel
Einzelausstellung in der Galerie 68, Kiel
Ausstellungsbeteiligungen beim Schleswig-holsteinischen Künstlerverband, Landes-
schauen

1975
Mitbegründer der Galerie Lornsenstraße
Ausstellungsbeteiligungen in der Galerie

1976
Aufenthalt in Vence, Fondation Karoly
Mitbegründer der Gruppe Kielywood

1977
Ausstellungen der Gruppe Kielywood in der Galerie 68, Kiel
Atelierhof Hansastrasse
verschiedene Ausstellungsbeteiligungen in Schleswig-Holstein

1978
Übersiedlung nach Bremen, Ateliers im Fedelhören
Beteiligung an BBK-Ausstellungen in Bremen

1989
EXR in the K18 Halle, Kassel
EXR project at the "Breminale" festival, Bremen
EXR "Brückenprojekt" (Bridge Project), organisation and participation
EXR artists' group exhibition at Marseille abattoirs

1990
Solo exhibitions, März Galerie Mannheim
Participated in "En Passant" (In Passing), Weser riverside, Bremen
"Anlehner" (Leaned Up), object for a high-rise (EXR), Bremen

1991
Participated in "Skulptur zum Anfassen" (Sculpture to Touch), Lübeck, Neumünster, Hannover

1992
"Tendenzen aktueller Skulptur" (Trends in Current Sculpture), Kampnagelfabrik, Hamburg
"Leiter" (Ladder), Kampnagelfabrik Hamburg, "Tage der bildenden Kunst" art festival
"Blox", object in front of Plön castle (EXR)
Participated in "Haut der Stadt" (Skin of the City), Städtische Galerie, Bremen
Participated in "Nordkunst" (North Art), Grooningen, Holland
Solo exhibition, Kito, Bremen
Solo exhibition, Werkstattgalerie Bremen

1993
Participated in shows, März Galerien, Mannheim
"Transversale", group project in the Städtische Galerie Bremen and
the Künstlerwerkstatt Lothringerstrasse, Munich
(EXR) "Beobachter" (Observer), object at Lichthaus, Bremen
"Kunst auf Zeit" (Short-Lease Art), Galerie am Lützowplatz, Berlin
Sculptures in the Wilkenspark, Bremen
"Kunst in der Halle" (Art in the Hall) (with Rogge and Jaxy), Städtische Galerie Delmenhorst
Artists' group exhibition, Marseille, with EXR

1994
Westdeutscher Künstlerbund, Kunsthalle Recklinghausen
"Schacht und Leiter" (Shaft and Ladder), Hallbergmoos, Munich airport
Skaraborg railway project, Mariestad art museum, Sweden

1979
Einzelausstellung in der Galerie Gruppe Grün
Wandmalerei Bunker Neukirchstraße, Bremen

1980
Wandmalerei, Schule Rechtenfleth, Bremen

1981
Bilderreihe für den Senator für Wissenschaft und
Kunst, Bremen

1982
Gruppenausstellung in der Rathaushalle Bremen
1982–1990 regelmäßig Förderpreisausstellungen, Bremen
Zweiter Preis: Grünanlagen, Bremen-Walle

1983
„Skulptur und Farbe", Gesellschaft für Aktuelle Kunst,
Bremen
Erster Preis: Platzgestaltung, Bremen-Blumenthal

1984
Künstlerhaus Kiel, Seefischmarkt
Dritter Preis: Wandmalerei, Lessingstraße, Bremen
Skulptur „Der rote Zwerg" auf der Weserbrücke, Bremen
Zweiter Preis: Bunker, Kornstraße, Bremen
Galerie Teehaus, Bremen
Veröffentlichung der Gedichtsammlung „Niemand weint"

1985
Galerie Gruppe Grün
„Skulptur und Farbe", Wallanlagen, Bremen
Mitglied der Gruppe Grün und
Gruppenausstellungen der Gruppe Grün
Wandgestaltung „Kaltnadel", Café Grün, Bremen
Galerie 68, Kiel
Kommunale Galerie, Bremen

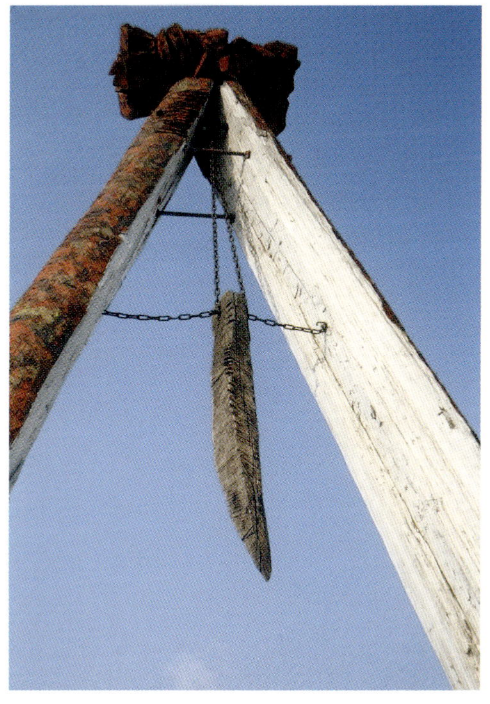

„Der rote Zwerg", Mansonia, 920 x 140 cm,
Weserbrücke, Bremen, 1984
*The Red Dwarf", mansonia, 920 x 140 cm,
Weser Bridge, Bremen, 1984*

1995
"Das kleine Format" (The Small Format), Kunsthalle Recklinghausen
"Insel" (Island), object at Weser weir
"An einem anderen Ort" (In Another Place), Städtische Galerie Bremen
Exhibition trilogy at Galerie Cornelius Hertz, Bremen
"Corona" object in St. Jacobi Church, Göttingen
Solo exhibition, Galerie 42 in the Weser-Ems Halle, Oldenburg

1996
Galerie 42 in the Weser-Ems Halle, Oldenburg
Galerie Steinbrecher (with D. Rogge), Bremen
Prizewinner for "Durchgänge" (Transits) (EXR), Bremen
"Würfel" (Dice) (EXR), Waller Grün, Bremen
EXR project, Wismar summer academy
Printed graphics, Schloss Plüchow,
Landesschau Schleswig-Holstein, Kunsthalle zu Kiel

1997
Solo exhibition, Künstlerhaus Göttingen
Prizewinner, design of square, Rathausplatz Hannover-Garbsen (EXR)
Solo exhibition, Bielefelder Kunstverein, Bielefeld

1998
Grosse Kunstausstellung, Munich
Project "Verbotene Städte" (Forbidden Cities) Schleswig-Holstein
Folkwang University, Essen

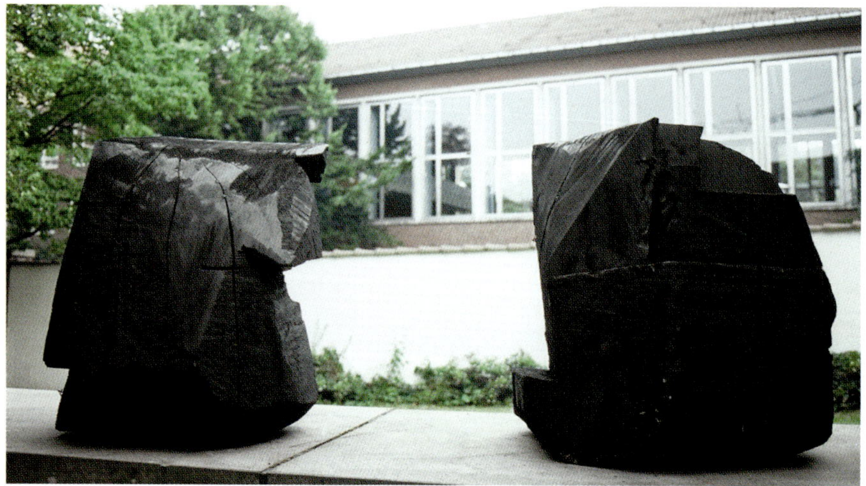

Zwei Skulpturoide, Holz, jeweils 80 x 80 cm, Kunstverein Bielefeld, 1997
Two sculpturoids, wood, 80 x 80 cm each, Kunstverein Bielefeld, 1997

Werkgalerie Droysen, Berlin
Gründung der Künstlergruppe EXR (Experiment Raum)
K18 Henschelhallen, Kassel
Aufstellung der Großskulptur „BETE" auf der Weserbrücke, Bremen

1986
EXR-Ausstellungen in der Gießereihalle Bremen, Hemelingen
Preisträger Wettbewerb Ziegenmarkt, Bremen
Zweiter Preis: Platzgestaltung, Bremen-Findorff
Gruppe Grün
„Standpunkte", Bildhauerzeichnungen, Kulturzentrum Kiel
EXR-Mitmachprojekte in der Kunsthalle Bremen
„Klötze", Skulpturen auf dem Rembertikreisel, Bremen
Galerie Gruppe Grün, Bremen

1987
EXR im Documenta-Begleitprogramm, Kategorie: Künstlergruppen – Gruppenkunstwerk
„Bremer Bildhauer", Gesellschaft für Aktuelle Kunst, Bremen
EXR im Kunstpark Mönkeberg, Kiel

1988
Kunstverein Prima Kunst, Kiel
Künstlerhaus Freiraum, Hannover
EXR mit Studenten im Außenraum der Hochschule Darmstadt
EXR-Ausstellung im Künstlerhaus Eisfabrik, Hannover

1989
EXR in der K18 Halle, Kassel
EXR-Projekt auf der „Breminale", Bremen
EXR-„Brückenprojekt", Organisation und Beteiligung
EXR Künstlergruppenausstellung im Schlachthof Marseille

1990
Einzelausstellungen in der März Galerie Mannheim
Beteiligung „En Passant", Weserufer, Bremen
„Anlehner", Objekt für ein Hochhaus (EXR), Bremen

1991
Beteiligung „Skulptur zum Anfassen", Lübeck, Neumünster, Hannover

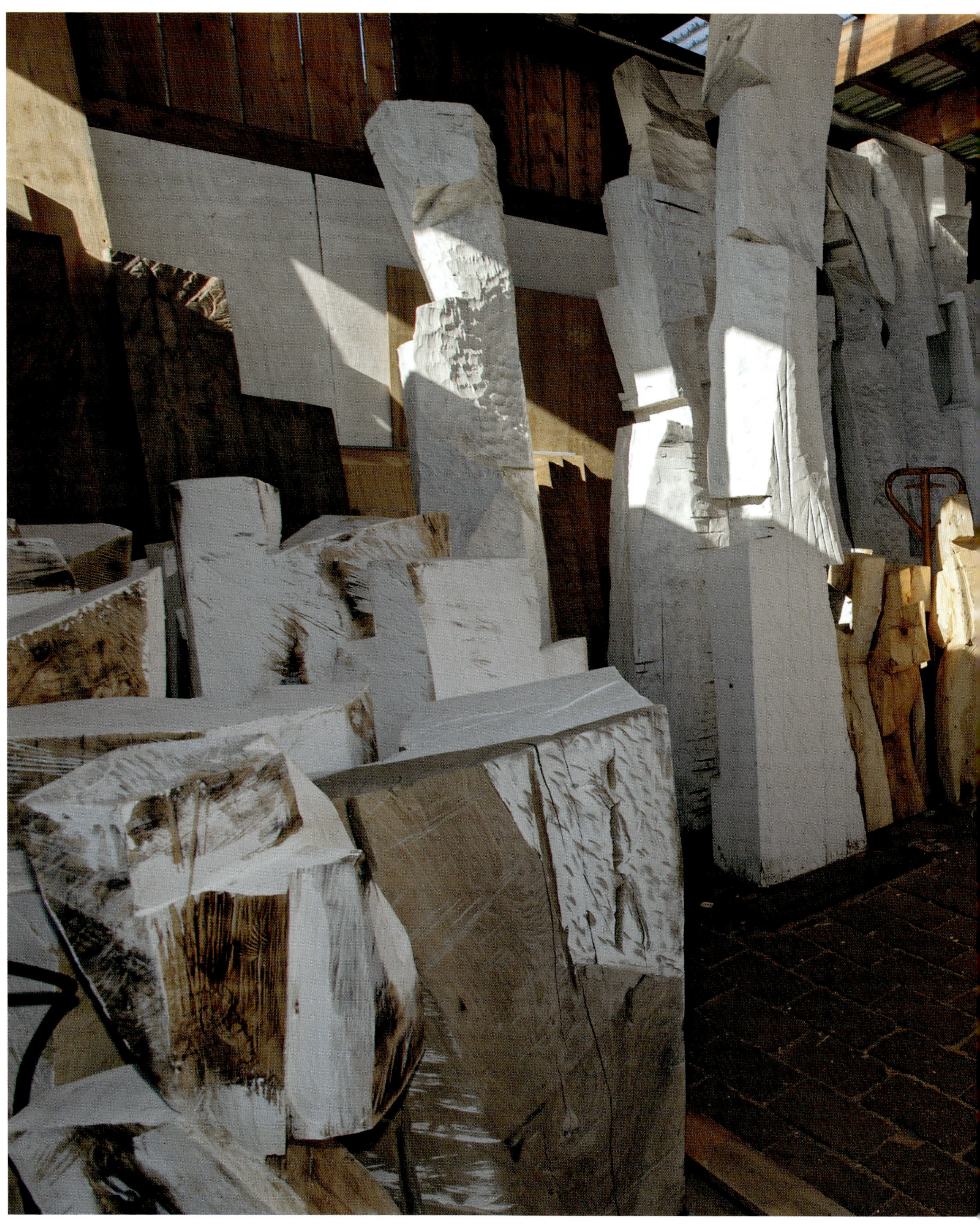

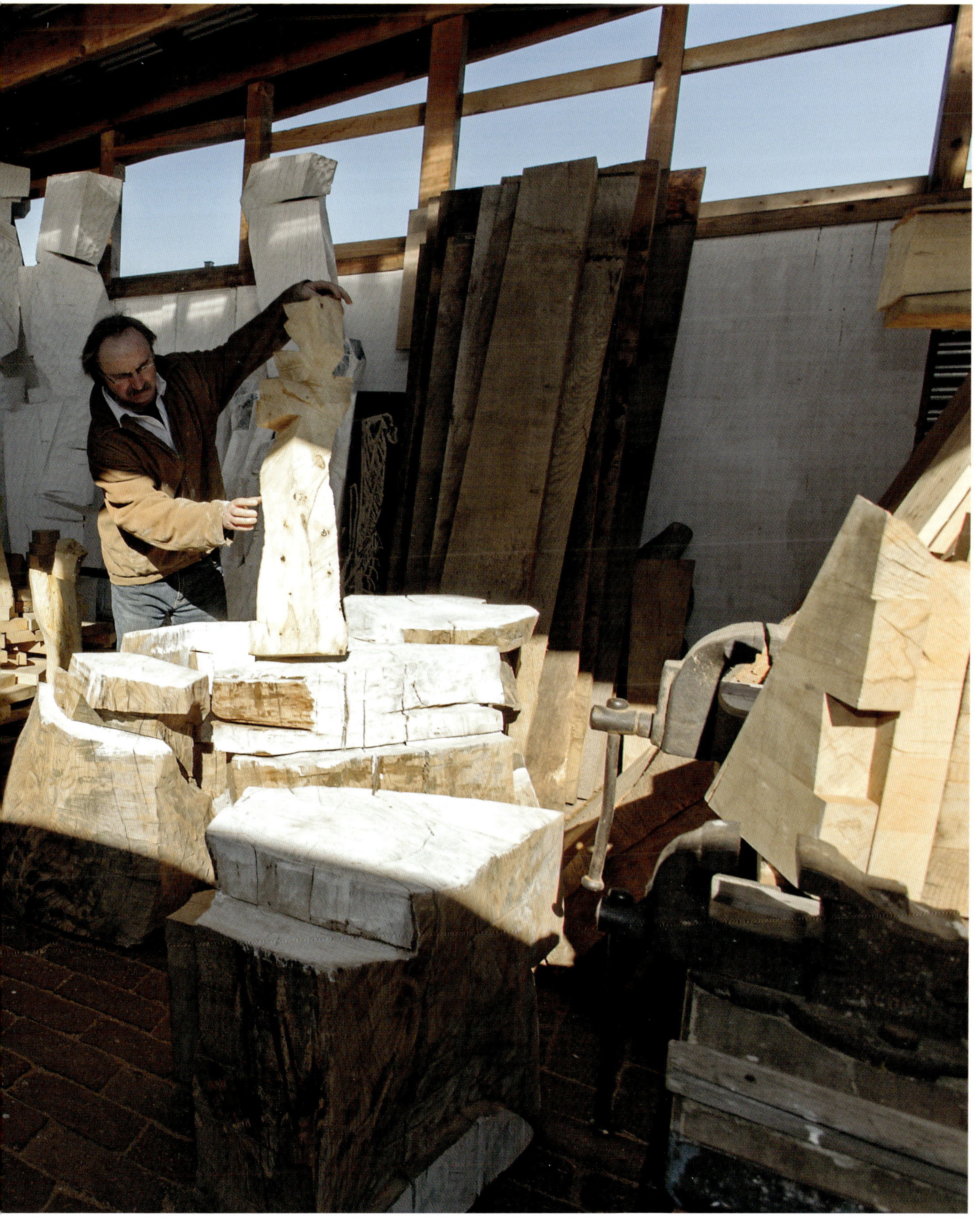

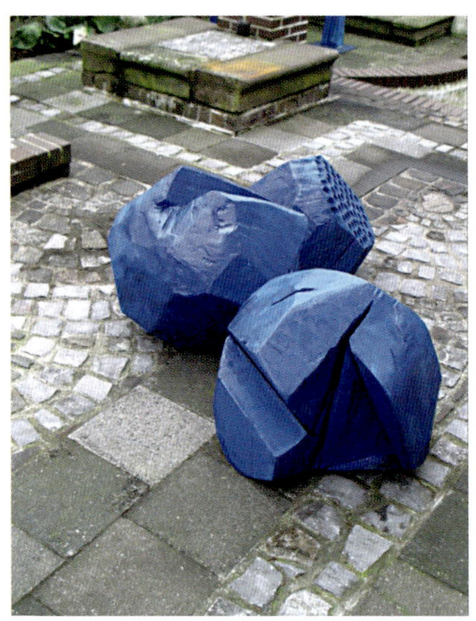

Skulpturoide, Holz, jeweils 60 x 60 cm, 1998
Sculpturoids, wood, 60 x 60 cm each, 1998

1999
"Turm zu Babel" (Tower of Babel), Gerhard-Marcks-Haus Bremen
Galerie Kinter (with B. Smon), Stuttgart
Katzow sculptors' symposium, Greifswald
Landesschau Schleswig-Holstein, Burgkloster Lübeck
Kulturbahnhof Kunstverein Nord, Bremen-Vegesack
Solo exhibition at Peitgen Institute for Chaos Research, University of Bremen
Grosse Kunstausstellung Düsseldorf

2000
Grosse Kunstausstellung Düsseldorf
"Planet" (Planet), Bremen City Library West, Bremen
Kunstverein Germersheim (with C. Jaxy)
EXR sculpture at Expo 2000, Hannover
Organisation of "Über Räume" (About Spaces) project, Bremen

2001
Solo exhibition, Kunstverein Kehdingen
"Krona", design for public square, Zeven
Prizewinner, design of square, Schulstrasse, Zeven

2002
Galerie Agnes Raben, Vorden, Netherlands
Prizewinner, design of square, Hamburg-Allermöhe
Solo exhibition, Gelsenkirchen Museum
"Planetenturm" (Planet Tower), Gelsenkirchen
Skulptur am Baum (Tree sculpture), Gelsenkirchen

1992
„Tendenzen aktueller Skulptur", Kampnagelfabrik, Hamburg
„Leiter", Kampnagelfabrik, Hamburg, „Tage der bildenden Kunst"
„Blox", Objekt vor dem Plöner Schloss (EXR)
Beteiligung „Haut der Stadt", Städtische Galerie Bremen
Beteiligung „Nordkunst", Grooningen, Holland
Einzelausstellung, Kito, Bremen
Einzelausstellung in der Werkstattgalerie Bremen

1993
Beteiligungen an Ausstellungen in der März Galerie, Mannheim
„Transversale", Gruppenprojekt in der Städtischen Galerie Bremen und
Künstlerwerkstatt, Lothringerstraße, München
(EXR) „Beobachter", Objekt beim Lichthaus, Bremen
„Kunst auf Zeit", Galerie am Lützowplatz, Berlin
Skulpturen im Wilkenspark, Bremen
„Kunst in der Halle" (mit Rogge und Jaxy), Städtische Galerie Delmenhorst
Künstlergruppenausstellung in Marseille mit EXR

1994
Westdeutscher Künstlerbund, Kunsthalle Recklinghausen
„Schacht und Leiter", Hallbergmoos, Flughafen München
Skaraborg-Bahnprojekt, Kunsthalle Mariestad, Schweden

1995
„Das kleine Format", Kunsthalle Recklinghausen
„Insel", Objekt beim Weserwehr
„An einem anderen Ort", Städtische Galerie Bremen
Ausstellungstrilogie der Galerie Cornelius Hertz, Bremen
„Corona", Objekt in der St. Jacobikirche, Göttingen
Einzelausstellung in der Galerie 42 in der Weser-Emshalle, Oldenburg

1996
Galerie 42 in der Weser-Emshalle, Oldenburg
Galerie Steinbrecher (mit D. Rogge), Bremen
Preisträger „Durchgänge" (EXR), Bremen
„Würfel" (EXR), Waller Grün, Bremen
EXR-Projekt, Sommerakademie Wismar
Druckgrafik, Schloss Plüchow

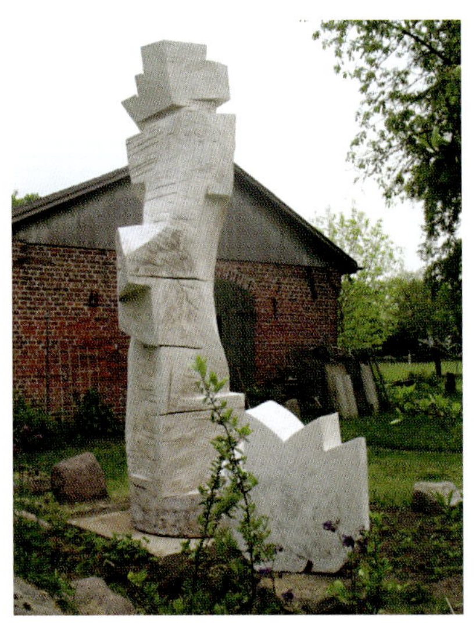

„König Schach", Eiche, 300 x 85 cm, Sammlung Dodenhof, Wallhöfen, 2003
"King Chess", oak, 300 x 85 cm, Dodenhof collection, Wallhöfen, 2003

2004
Solo exhibition, Städtische Galerie Zeven
First prize for redesign of church, Bremerhaven/Spaden
"Nord Art", Rendsburg
Stadtmuseum Oldenburg
Emschertalmuseum, Städtische Galerie Herne (with D. Rogge)

2005
Lüneburger Kunstverein (with R. Helmus)
Second prize, design of square, Bremen-Hemelingen
First prize, design of square, Bremen-Hastedt
SWB, energy company, Bremen
Grosse Kunstausstellung, Düsseldorf
Kunstverein Syke, Beobachter 2 (Observer 2)
Galerie Agnes Raben (with D. Rogge)

2006
Städtische Galerie Bremen (with D. Rogge)
Grosse Kunstausstellung, Düsseldorf
Kunstverein Husum (with D. Rogge)
Galerie des Westens, Bremen

Landesschau Schleswig-Holstein, Kunsthalle zu Kiel

1997
Einzelausstellung im Künstlerhaus Göttingen
Preisträger Platzgestaltung Rathausplatz Hannover-Garbsen (EXR)
Einzelausstellung im Kunstverein Bielefeld

1998
Große Kunstausstellung München
Projekt „Verbotene Städte", Schleswig-Holstein
Folkwang Universität der Künste, Essen

1999
„Turm zu Babel", Gerhard-Marcks-Haus, Bremen
Galerie Kinter (mit B. Smon), Stuttgart
Bildhauersymposium Katzow, Greifswald
Landesschau Schleswig-Holstein, Burgkloster Lübeck
Kulturbahnhof Kunstverein Nord, Bremen-Vegesack
Einzelausstellung im Institut für Chaos Forschung Peitgen, Universität Bremen
Große Kunstausstellung Düsseldorf

2000
Große Kunstausstellung Düsseldorf

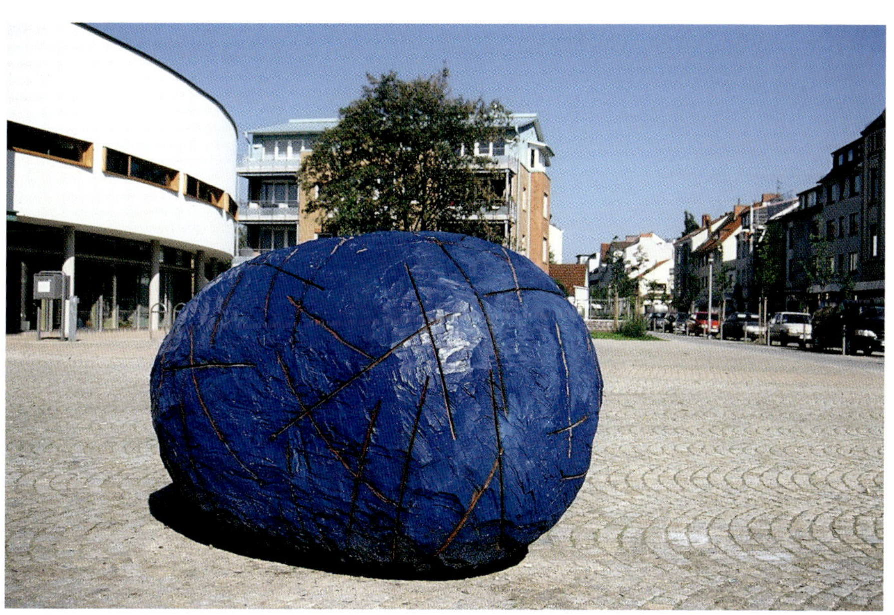

„Planet", Holz, 130 x 160 cm, Bremen, 2000
"Planet", wood, 130 x 160 cm, Bremen, 2000

2007
Galerie Kruse, Flensburg
Grosse Kunstausstellung, Düsseldorf
First prize, church design, Bargstedt, Buxtehude (with B. Krusche)

2008
Museum Eckernförde
First prize "Raum der Stille" (Place of Silence), Ihlow (with B. Krusche)
First prize, design of sanctuary, Buchholz/Nordheide
Grosse Kunstausstellung, Düsseldorf

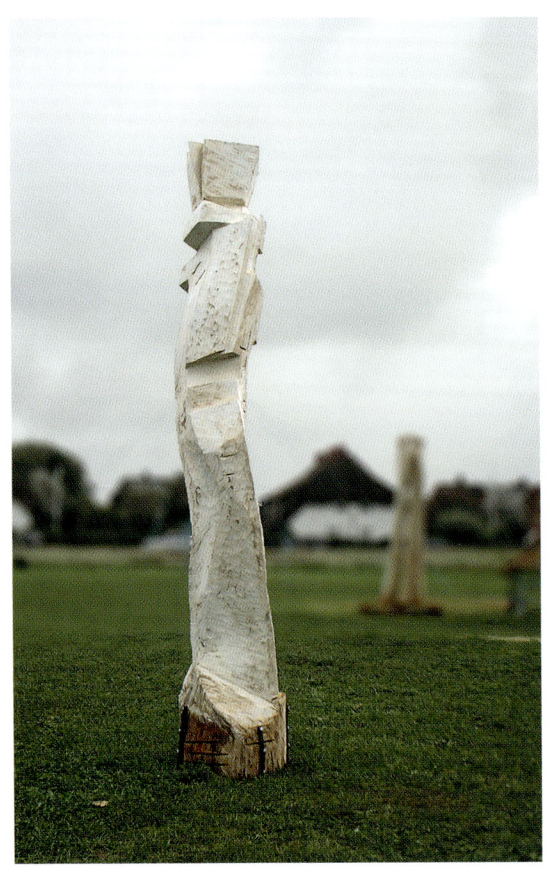

„Rufer", Eiche, 320 x 70 cm, Sylt, 2009
"Caller", oak, 320 x 70 cm, Sylt, 2009

„Planet", Stadtbibliothek West, Bremen
Kunstverein Germesheim (mit C. Jaxy)
EXR-Skulptur auf der Expo 2000, Hannover
Organisation Projekt „Über Räume", Bremen

2001
Einzelausstellung im Kunstverein Kehdingen
„Krona", Platzgestaltung, Zeven
Preisträger: Platzgestaltung, Schulstraße, Zeven

2002
Galerie Agnes Raben, Vorden, Niederlande
Preisträger: Platzgestaltung, Hamburg-Allermöhe
Kunstverein Kaponier Vechta (mit D. Rogge)
Einzelausstellung im Museum Gelsenkirchen
„Planetenturm", Gelsenkirchen
Skulptur am Baum, Gelsenkirchen

2004
Einzelausstellung in der Städtischen Galerie Zeven
Erster Preis: Umgestaltung Kirche Bremerhaven/Spaden
„Nord Art", Rendsburg
Stadtmuseum Oldenburg
Emschertalmuseum, Städtische Galerie Herne (mit D. Rogge)

2005
Lüneburger Kunstverein (mit R. Helmus)
Zweiter Preis: Platzgestaltung, Bremen-Hemelingen
Erster Preis: Platzgestaltung, Bremen-Hastedt
SWB, Stromversorger Bremen
Große Kunstausstellung Düsseldorf
Kunstverein Syke, Beobachter 2
Galerie Agnes Raben (mit D. Rogge)

2006
Städtische Galerie Bremen (mit D. Rogge)
Große Kunstausstellung Düsseldorf
Kunstverein Husum (mit D. Rogge)
Galerie des Westens, Bremen

2009
Schloss Ritzebüttel (with D. Rogge), Cuxhaven
Grosse Kunstausstellung, Düsseldorf
Sculpture in Bissee, Kiel
Keitum sculptors' symposium, Sylt

2011
St. Stephen's Cultural Church, Bremen
Künstlerzeche Unser Fritz (with D. Rogge), Herne

2012
Solo exhibition, Neuer Worpsweder Kunstverein
Skulpturale festival, Oldenburg

2013
Villa Ichon (with D. Rogge), Bremen
"Marcks befragen" (Questioning Marcks) (with C. Dietrich),
Gerhard-Marcks-Haus sculpture museum, Bremen

Works are in private and public ownership.
Gunther Gerlach lives and works in Bremen.
www.gunthergerlach.de

„Wandergestalt des Gefühls", Skulpturale, Eiche, 400 x 80 cm,
Oldenburg, 2012

"Walking Figure of Feeling", Skulpturale, oak, 400 x 80 cm,
Oldenburg, 2012

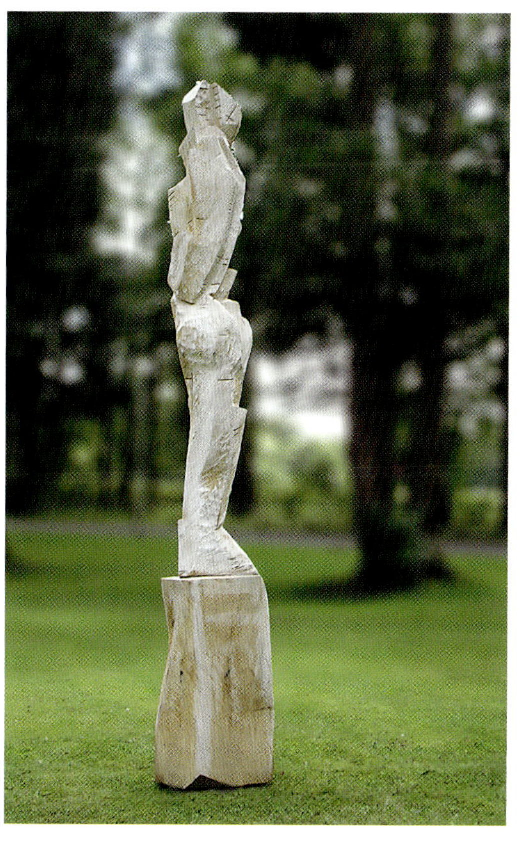

2007
Galerie Kruse, Flensburg
Große Kunstausstellung Düsseldorf
Erster Preis: Kirchengestaltung Bargstedt, Buxtehude
(mit B. Krusche)

2008
Museum Eckernförde
Große Kunstausstellung Düsseldorf
Erster Preis: „Raum der Stille", Ihlow (mit B. Krusche)
Erster Preis: Altarraumgestaltung Buchholz/Nordheide

2009
Schloss Ritzebüttel (mit D. Rogge), Cuxhaven
Große Kunstausstellung, Düsseldorf
Skulptur in Bissee, Kiel
Bildhauersymposium Keitum, Sylt

2011
Kulturkirche St. Stephani, Bremen
Künstlerzeche Unser Fritz (mit D. Rogge), Herne

2012
Einzelausstellung im Neue Worpsweder Kunstverein
„Skulpturale", Oldenburg

2013
Villa Ichon (mit D. Rogge), Bremen
„Marcks befragen" (mit C. Dietrich), Gerhard Marcks Bildhauermuseum, Bremen

Arbeiten befinden sich in privatem und öffentlichem Besitz.
Gunther Gerlach lebt und arbeitet in Bremen.
www.gunthergerlach.de

„Fünf Bögen", Installation, St. Pauli Kirche, Bremen, 2009
"Five Arches", installation, St. Pauli Kirche, Bremen, 2009

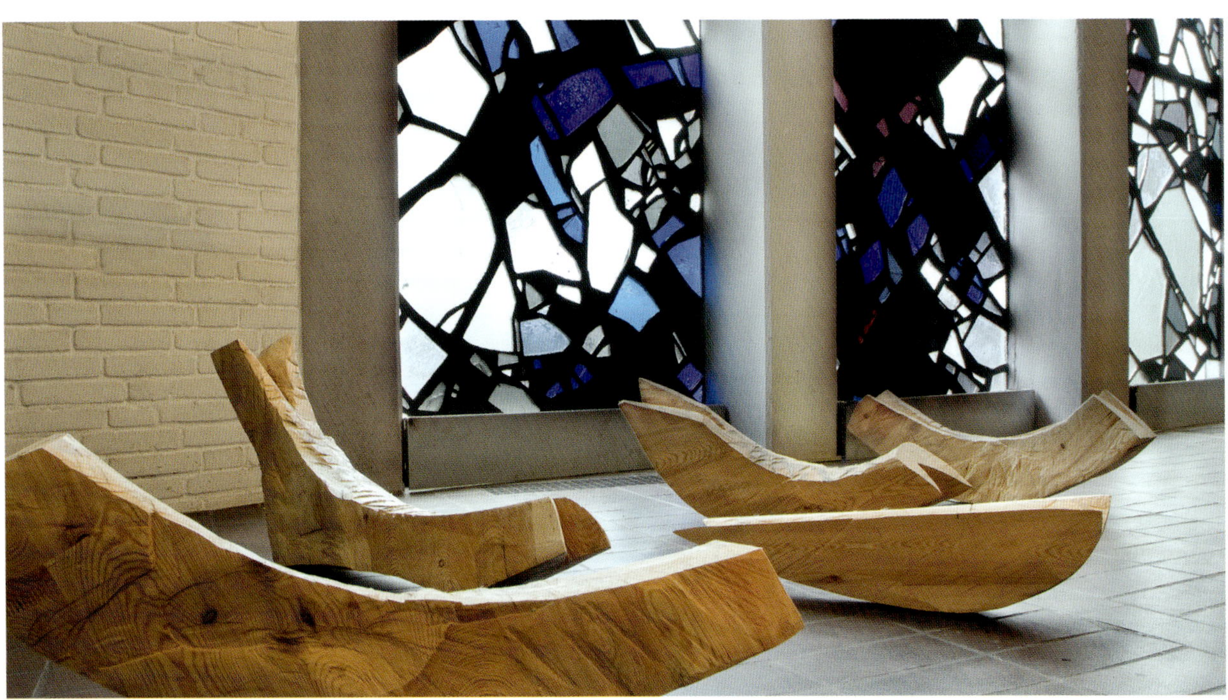

Impressum/*Imprint*

Erschienen im/*published by*:
Hirmer Verlag GmbH
Nymphenburger Straße 84
80636 München/*Munich*
Germany

Herausgeber/*editor*: Gunther Gerlach
Autoren/*authors*:
Arie Hartog, Direktor/*director* Gerhard-Marcks-Haus, Bremen
Yvette Deseyve, Kustodin/*curator* Gerhard-Marcks-Haus, Bremen

Übersetzung/*translation*: Deborah Shannon, Academic Translation, Norwich UK
Redaktion/*editing*: Gunther Gerlach, Bremen; Hervé Maillet, Bremen
Deutsches Korrektorat/*German proofreading*: Stefanie Adam, München/*Munich*
Englisches Korrektorat/*English proofreading*: Susanna Rachel Michael, München/*Munich*

Gestaltung und Satz/*layout and typesetting*: Hervé Maillet, Bremen
Lithographie/*lithography*: Reproline Mediateam, Unterföhring
Druck und Bindung/*printing and binding*: Printer Trento, Trento
Papier/*paper*: Gardamatt Art
Printed in Italy

Bildnachweis/*picture credits*:
Hervé Maillet, Bremen
Seite/*page* 103, 143: Kai-Erik von Ahn, Bremen
Seite/*page* 8, 30, 33, 36, 52, 53, 54, 60, 61, 70, 71, 96, 113, 116, 124,
128, 129, 130, 134, 136, 137, 138: Gunther Gerlach, Bremen
Seite/*page* 94, 95, 99: Walter Gerlach, Kiel
Seite/*page* 141 Wolfgang Heppner, Oldenburg
Seite/*page* 20: Ingo Wagner, Bremen
Seite/*page* 39, 62, 63, 65, 104, 114, 115: Helmut Wieben, Bremen

Bibliografische Information der Deutschen Nationalbibliothek
Die Deutsche Nationalbibliothek verzeichnet diese Publikation in der Deutschen
Nationalbibliografie; detaillierte bibliografische Daten sind im Internet über
http://www.dnb.de abrufbar.
Bibliographic information published by the Deutsche Nationalbibliothek
The Deutsche Nationalbibliothek lists this publication in the Deutsche Nationalbiblio-
grafie; detailed bibliographic data is available on the Internet at http://www.dnb.de.

© 2013 Hirmer Verlag GmbH München/*Munich*, Gunther Gerlach,
die Autoren/*the authors*
ISBN 978-3-7774-2094-3
www.hirmerverlag.de
www.hirmerpublishers.com

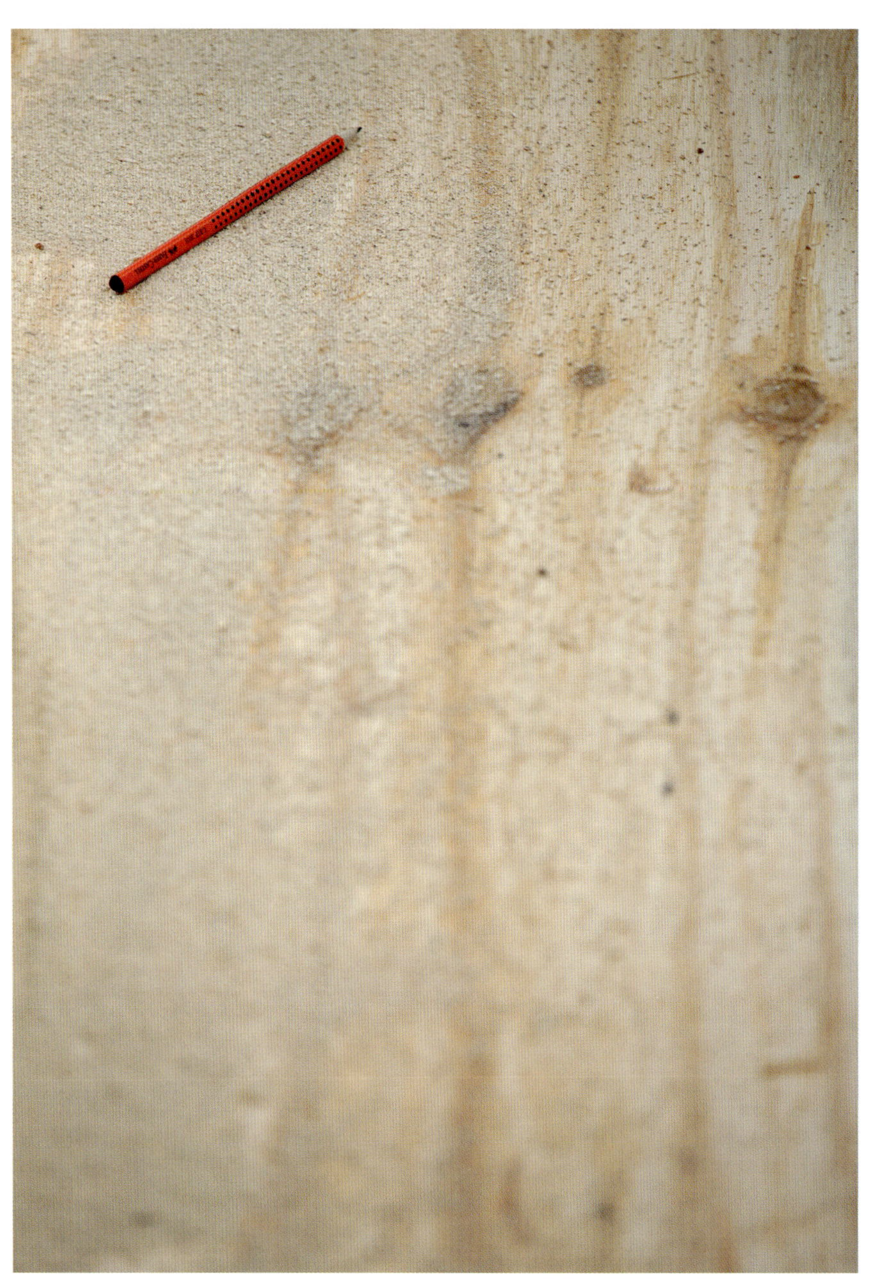

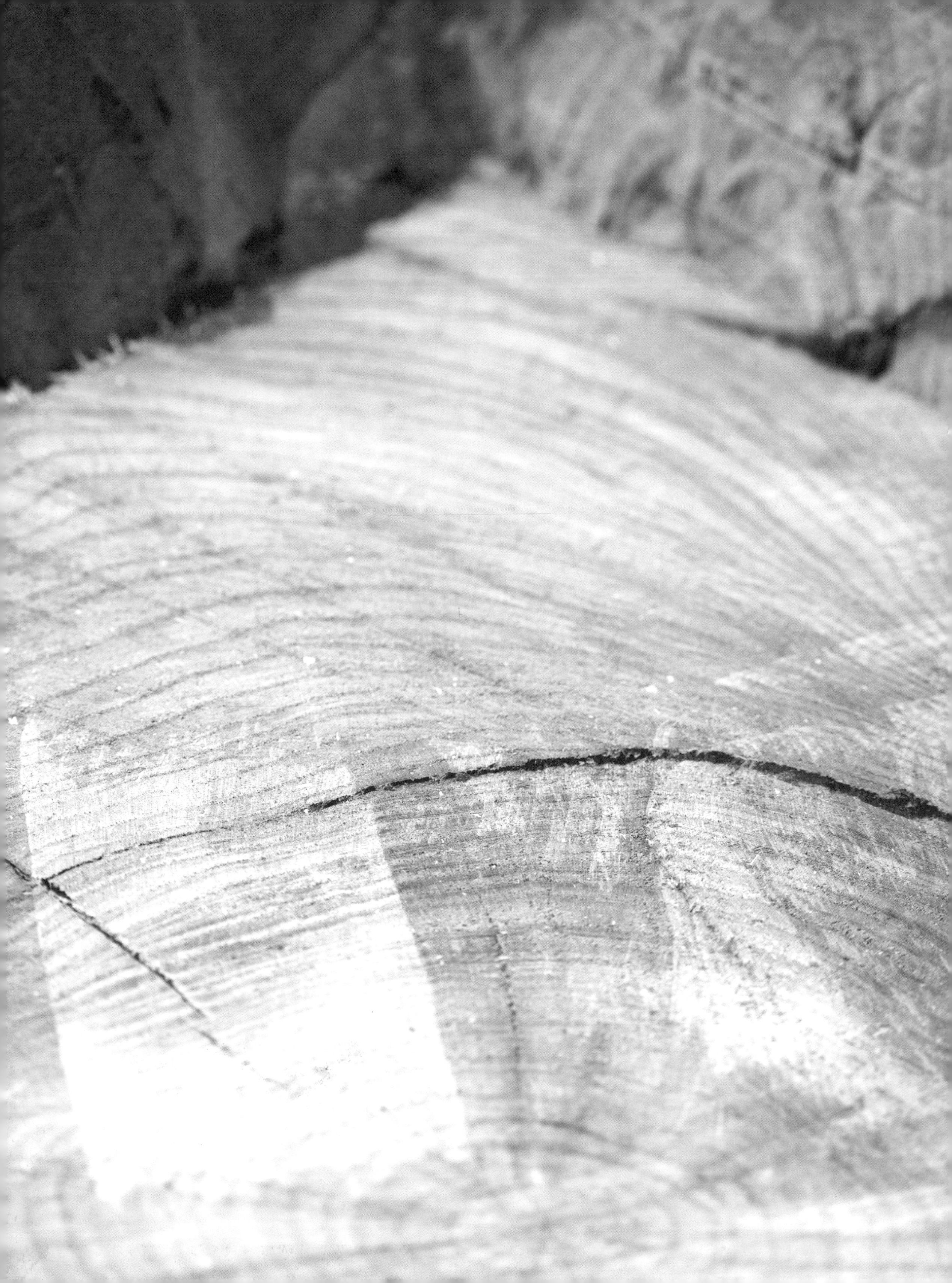